Raphael Kirsch

Nö! Ich mach' das nicht!

Krisenfest bei Provokationen und Widerständen im pädagogischen Alltag

Raphael Kirsch vermittelt in seinen Seminaren, in Coachings und bei Keynotes das Know-how für den pädagogischen Alltag, das es weder in der Ausbildung noch im Studium gibt.
Der zweifache Familienvater ist einer der meistgebuchten Trainer und Referenten für pädagogische Einrichtungen. Als zertifizierter Deeskalationstrainer, systemischer Coach/Berater und Trainer für Schutz- und Abwehrtechniken schult er seit vielen Jahren Pädagoginnen und Pädagogen im Umgang mit herausfordernden Situationen mit Schülerinnen und Schülern, Eltern, Kolleginnen und Kollegen und Behörden wie dem Jugendamt. Er arbeitet dort, wo Menschen in Konflikte geraten.
Seine Expertise und Berufserfahrung stammen aus dem Bereich der Kinder- und Jugendpsychiatrie, der Arbeit für Jugendämter, diverser Kontakt- und Krisenstellen und unzähligen Seminartagen an Schulen und in Kitas.

Wir verwenden in unseren Werken eine genderneutrale Sprache, damit sich alle gleichermaßen angesprochen fühlen. Wenn keine neutrale Formulierung möglich ist, nennen wir die weibliche und die männliche Form. In Fällen, in denen wir aufgrund einer besseren Lesbarkeit nur ein Geschlecht nennen können, achten wir darauf, den unterschiedlichen Geschlechtsidentitäten gleichermaßen gerecht zu werden.

In diesem Werk sind nach dem MarkenG geschützte Marken und sonstige Kennzeichen für eine bessere Lesbarkeit nicht besonders kenntlich gemacht. Es kann also aus dem Fehlen eines entsprechenden Hinweises nicht geschlossen werden, dass es sich um einen freien Warennamen handelt.

1. Auflage 2024

AAP Lehrerwelt GmbH
Veritaskai 3
21079 Hamburg
Telefon: +49 (0) 40325083-040
E-Mail: info@lehrerwelt.de
Geschäftsführung: Andrea Fischer, Sandra Saghbazarian
USt-ID: DE 173 77 61 42
Register: AG Hamburg HRB/126335

Autorschaft: Raphael Kirsch
Covergestaltung: Graph & Glyphe /// Büro für Ausdrucksstärke, Schutterwald
Coverillustration: Daniela Teichmann
Coverfoto: Raphael Kirsch
Illustrationen: Daniela Teichmann
Layout und Satz: Graph & Glyphe /// Büro für Ausdrucksstärke, Schutterwald
Druck und Bindung: Design and printing JSC KOPA, Kaunas

ISBN/Bestellnummer: 978-3-403-21260-7
www.persen.de

INHALT

Wie geht man mit Kindern um, die von jetzt auf gleich einfach explodieren oder die sich nichts mehr sagen lassen? Wie reagiert man als Lehrkraft, wenn ein Regelbruch den nächsten jagt oder der Unterricht massiv gestört wird?

Wie kann man sich selbst runterfahren, um in schwierigen Situationen cool und souverän zu bleiben? Gibt es Möglichkeiten, sich auf den Ernstfall besser vorzubereiten? All diesen Fragen rund um das Thema Umgang mit Widerständen und Provokationen durch Schülerinnen und Schüler gehen wir gemeinsam in diesem Workbook auf den Grund.

Was erwartet dich in diesem Workbook?

In diesem Buch findest du viele Anregungen, Ideen und Tipps aus meinen über 15 Jahren Berufserfahrung, die ich dir gerne mitgeben möchte – damit du es leichter hast! Aber: Es sind nur Ideen. Du bestimmst, was du draus machst. Suche dir das heraus, was zu dir passt, und passe es an deine Bedürfnisse und deine Persönlichkeit an. Ich will dir kein Schema F vorgeben, denn es ist mir extrem wichtig, dass du als Lehrkraft authentisch bist. Verstehe dieses Workbook bitte als Einladung und Begleitung für deinen eigenen, ganz persönlichen Weg!

Die Aufgaben annehmen

Dieses Workbook enthält verschiedenste Aufgaben, um deren Bearbeitung ich dich bitte. Einige Aufgaben werden dir vielleicht banal vorkommen, aber auch sie haben ihre Berechtigung und sind wichtig. Bitte widme dich auch diesen scheinbar einfachen Aufgaben mit genauso viel Herzblut wie jenen Aufgaben, die dich besonders interessieren oder herausfordern.

Sicherlich werden dir ebenso Aufgaben begegnen, auf die du keine Lust hast. Zum Beispiel, weil du das Gefühl hast, dass du diese Aufgaben schon tausendmal gemacht hast, oder weil diese Aufgaben viel mit dir zu tun haben. Nimm dich bitte auch diesen Aufgaben mit all deiner Aufmerksamkeit an.

Nur wenn du alle Aufgaben in diesem Workbook mit gleicher Hingabe und Sorgfalt bearbeitest, kannst du auch entsprechend in die Tiefe gehen. Je mehr du bereit bist, in die Tiefe zu gehen, umso mehr kannst du die sicherste und souveränste Version von dir selbst werden. Ich freue mich, wenn wir diesen Weg ein Stück gemeinsam gehen!

Grenzen akzeptieren & Pädagoginnen und Pädagogen mit Herz

Als zertifizierter Deeskalationstrainer, systemischer Coach/Berater und Trainer für Schutz- und Abwehrtechniken schule ich seit vielen Jahren Pädagoginnen und Pädagogen im Umgang mit herausfordernden Situationen mit Schülerinnen und Schülern, Eltern, Kolleginnen und Kollegen und Behörden wie dem Jugendamt. Ich arbeite dort, wo Menschen in Konflikte geraten. Meine Expertise und Berufserfahrung stammen aus dem Bereich der Kinder- und Jugendpsychiatrie, der Arbeit für Jugendämter, diverser Kontakt- und Krisenstellen und unzähligen Seminartagen an Schulen und in Kitas.

Kurzum: Ich habe wirklich viel gesehen, viel erlebt und daraus wirklich gute und praxisnahe Handlungsmuster abgeleitet. Aber all das bedeutet noch lange nicht, dass es mir immer gelingt, dieses Wissen auch anzuwenden. Es gibt immer noch Konflikttypen und Verhaltensweisen, die mich an mein Limit bringen, und auch ich kann und will nicht immer hundertprozentig konsequent sein. Mir rutschen auch ab und zu bei meinen eigenen Kindern (denen gebührt an dieser Stelle Dank!) Sätze wie „Ich zähl' jetzt bis drei!“ raus, in der Hoffnung, dass das doch jetzt bitte funktionieren soll.

Was ich damit sagen will: In diesem Workbook steckt unglaublich viel Hilfreiches für dich, aber es ist weder als Besserwisserei noch als erhobener Zeigefinger gemeint. Genauso wie ich spreche, schreibe ich auch – frei, geradeaus und mit einer guten Portion Ruhrpott-Charme. Wenn der Ton hier mal salopper oder schnodderiger wird, so lies es bitte mit Humor.

Ich wünsche mir für dich, dass dir dieses Workbook hilft, deinen pädagogischen Alltag spürbar leichter zu machen. Gleichzeitig wünsche ich mir für dich, dass es für dich okay ist bzw. wird, Fehler zu machen, nicht perfekt zu sein, und dass du nicht den Anspruch entwickelst, alle Konflikte immer souverän abwickeln zu können.

Denn das, was Pädagogik braucht, sind Menschen. Menschen mit Ecken und Kanten, mit viel Herz und Bauchgefühl, die auch mal Fehler machen – weil sie echt sind.

Vielleicht ist ja das schönste, größte und erstrebenswerteste Ziel, dass du nach diesem Workbook schneller und häufiger merkst, wenn du doch mal nicht so gehandelt hast, wie du es dir selbst gewünscht hast. Und dass du dann schneller, häufiger und am Ende auch wertvoller in die Reflexion gehen kannst. Damit du es morgen etwas besser machen kannst als heute.

Nobody is perfect! In diesem Sinne – Viel Freude mit diesem Workbook wünscht dir

Raphael

PS: Schaue auch gerne mal auf meinen Kanälen vorbei. Da gibt es immer neue Tipps und Tricks.

Web: *raphaelkirsch.com*

Instagram: *raphael_kirsch_training*

Podcast: *Ich Eskalier Gleich*

Weitere Produkte von mir findest du beim PERSEN Verlag: *www.persen.de/raphael-kirsch*

DANKSAGUNG

An dieser Stelle möchte ich einmal danke sagen. Danke an all die Menschen, die mich in den letzten Jahren so unterstützen haben, dass es mich, meine Arbeit und dieses Workbook überhaupt geben kann.

Danke an meine Frau Jana und an meine beiden Kinder für jahrelanges „Spinnereienertragen“ und Rückenfreihalten.

Ein Dank geht auch an Silvia Gelhausen, die durch ihre Unterstützung mit dafür gesorgt hat, dass es meine Arbeit in der heutigen Form überhaupt geben kann. Zudem hat sie dieses Workbook mit vielen Impulsen bereichert.

Du hast dieses Workbook sicherlich aus einem ganz bestimmten Grund gekauft – weil du konfrontiert bist mit Schülerinnen und Schülern, die den Unterricht stören, die provozieren, die über Tische und Bänke gehen. Du erlebst Kinder und Jugendliche, bei denen du das Gefühl hast, an deine Grenzen zu kommen und am Ende deines Lateins zu sein.

Bitte nimm dir zum Start unserer gemeinsamen Arbeit etwas Zeit und notiere deine härtesten Fälle und das, was dir aktuell im Umgang mit Schülerinnen und Schülern am meisten unter den Nägeln brennt.

Was erwartest du von diesem Workbook? Was erhoffst du dir? Was möchtest du erreichen?

....

....

....

....

....

....

....

Gedankenstützen und Ideen

- Warum hast du dieses Workbook angeschafft? Was sind deine Beweggründe?
- Gab es (einen) bestimmte(n) Auslöser im beruflichen Kontext? Beschreibe die Situation bitte kurz.
- Was möchtest du zum Thema Umgang mit Widerständen und Provokationen erfahren? Was möchtest du können und lernen?
- In welchen Situationen möchtest du dein erworbenes Wissen anwenden? Welche Situationen fallen dir aktuell noch schwer?
- Was versprichst du dir davon – für dich persönlich?

Nur ein Gedankenanstoß: Sind die Dinge, die auf deiner Liste stehen, wirklich die, die du am dringendsten brauchst? Oder kommt es nicht ein Stück weit darauf an, bei sich anzufangen, auf sich zu schauen und das eigene Handeln zu hinterfragen und zu verbessern, damit die Wunschliste auch in Erfüllung gehen kann …

Dieses Workbook wird dich dazu anregen, neue Wege zu gehen. Dazu gehört auch, gewisse Dinge zu akzeptieren und neue Perspektiven anzunehmen.

Bist du bereit?

 Ich bin bereit, zu akzeptieren, dass es für viele Situationen kein Standard-Handwerk und keinen *Standard-Leitfaden* gibt. Jede Situation ist einzigartig.

 Ich bin bereit, anzuerkennen, dass jede Strategie nur so gut ist, wie die Bereitschaft und die Haltung der Person, die sie anwendet. Deshalb liegt das größte Potenzial für das Gelingen in mir selbst und in meiner Haltung.

 Ich bin bereit, ausgetretene Pfade zu verlassen und neue Perspektiven und Ideen anzunehmen.

 Ich bin bereit, meine eigenen Anteile zu betrachten und mein eigenes Denken und Handeln zu hinterfragen.

 Ich bin bereit, zu akzeptieren, dass sich Konflikte und Krisensituationen auch mit der besten Strategie und Haltung nicht verhindern lassen, sondern dass dadurch nur die Wahrscheinlichkeit sinkt.

Wenn du hierzu JA sagst, dann lass uns gemeinsam starten!

Gibt es etwas, das dir heute im Laufe des Tages passiert ist, worüber du dich immer noch ärgerst? Oder gab es solch eine Situation in den vergangenen Tagen? Bitte notiere kurz:

....

....

....

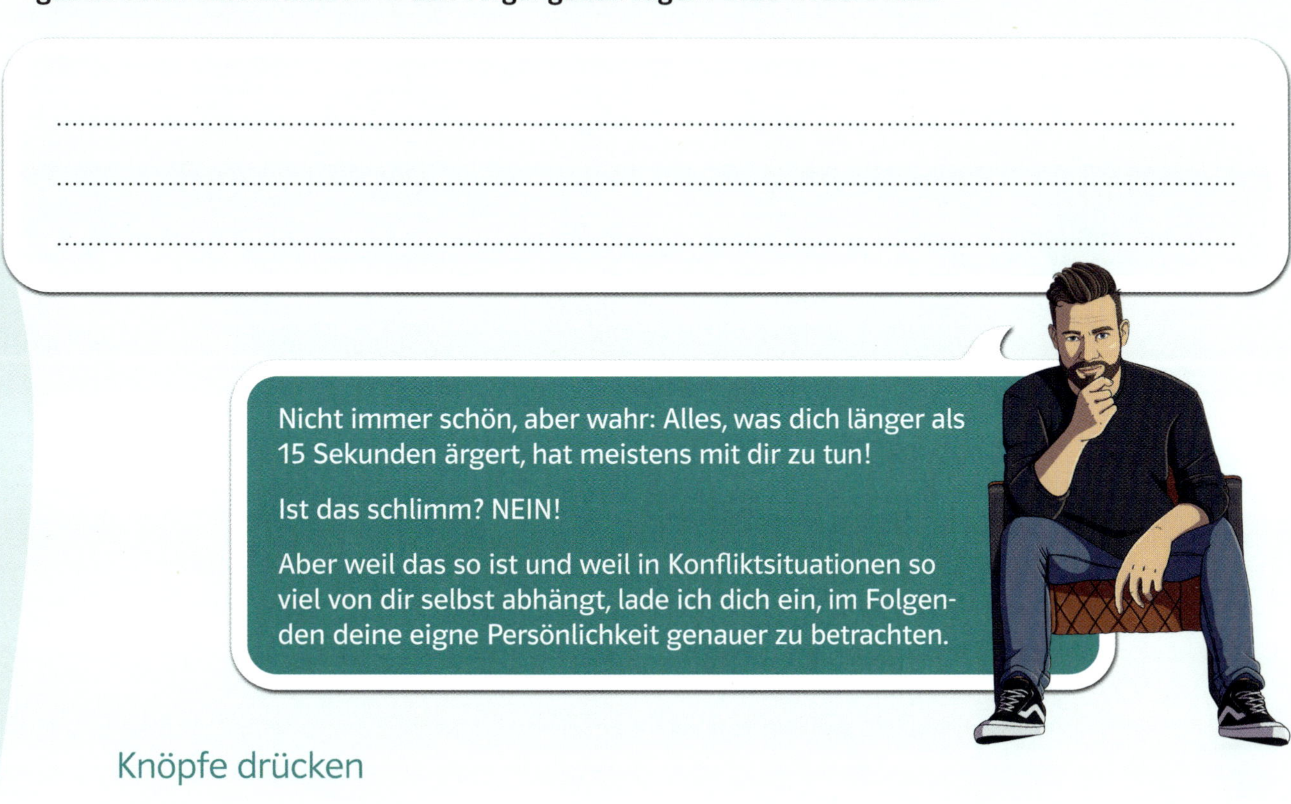

Knöpfe drücken

Bitte überlege spontan:

Was sind eigentlich deine Knöpfe, die Schülerinnen und Schüler drücken müssen, damit sie bei dir erreichen, was sie wollen? Welche Knöpfe muss man bei dir drücken, damit du (innerlich oder auch nach außen) explodierst? Was tickt dich an, was berührt dich?

....

....

....

....

Gerade Kinder haben einen guten Sinn dafür, welche Knöpfe Erwachsene haben, die sie drücken müssen, um an das zu kommen, was sie brauchen.

Finde bitte heraus, was dich antreibt und motiviert. So kannst du dich viel besser darauf einstellen und gelassener reagieren, wenn Schülerinnen und Schüler versuchen, deine Knöpfe zu drücken.

Wofür stehst du als Lehrkraft?

Ich möchte dich einladen, im Folgenden dich selbst als Lehrkraft genauer zu reflektieren.

Wofür möchtest du als Lehrkraft stehen?

Gibt es etwas, was du dir im Umgang mit Schülerinnen und Schülern verbietest, zum Beispiel das Zeigen von negativen Emotionen?

Was ist dir im Umgang mit Schülerinnen und Schülern besonders wichtig?

Wo bist du für deine Schülerinnen und Schülern wertvoll, wo manchmal weniger?

Wo hast du dich im Griff und wo verlierst du die Fassung?

Wie reagierst du, wenn sich Schülerinnen und Schüler verweigern, dich provozieren oder massiv den Unterricht stören? Wie reagierst du unter Stress?

Authentisch sein

Wir agieren viel besser mit Menschen und werden deutlich stärker als zu respektierende Person wahrgenommen, wenn wir authentisch sind. Authentisch sein bedeutet: Das, was du bist, stimmt mit dem überein, was du nach außen hin transportierst.
Gleichzeitig gilt aber auch, und zwar besonders im Konfliktmoment: Professionalität vor Authentizität. Man sollte noch lange nicht alles sagen, was einem auf den Lippen liegt.

Es kann – gerade im beruflichen Kontext – jedoch schnell passieren, dass man versucht, eine Rolle zu spielen, und dadurch an Authentizität einbüßt. Kinder und Jugendliche haben einen hervorragenden Radar dafür, ob wir authentisch sind oder nicht. Wir Menschen haben viele Mechanismen im Kopf, die uns helfen, unsere Umgebung blitzschnell und unbewusst einzuschätzen. Kindern und Jugendlichen gelingt dies oft besonders gut.

Bist du nicht authentisch, merken das deine Schülerinnen und Schüler – und du hast von Anfang an ein grundsätzliches Problem in deiner Klasse!

Wenn du zum Beispiel ein eher stiller Mensch bist, dann sei das auch in deiner Klasse. Es ist dann nicht authentisch, wenn du regelmäßig deine Tasche aufs Lehrerpult knallst und laut wirst, um dir Gehör zu verschaffen. Denke daran: Laut zu sein hat nichts mit einer starken, durchsetzungsfähigen Ausstrahlung zu tun.

Bitte nimm dir Zeit und notiere, was dich privat und beruflich ausmacht. Gehe gerne verschiedene Situationen im Kopf durch (z. B. Zusammensein mit Freunden und Familie, in Konfliktsituationen ...).

....

....

....

....

....

....

....

....

....

....

....

....

Hast du Situationen entdeckt, in denen du dich privat ganz anders verhältst als beruflich? Welche beruflichen Situationen sind das? Warum ist dein Verhalten in diesen Situationen anders? Hast du das Gefühl, eine Rolle spielen zu müssen? Und wenn ja, warum?

....

....

....

....

....

....

Wo merken die Kinder und Jugendlichen, dass du eine Rolle spielst? Woran merkst du, dass es ihnen auffällt?

....

....

....

....

....

....

....

An welchen Stellen wärst du gerne authentischer? Wie könnte dein authentischeres Verhalten konkret aussehen?

....

....

....

....

....

....

....

Der Blick auf deine Biografie

Warum bist du eigentlich Lehrkraft geworden? Wäre deine instinktive Antwort: „Weil ich gerne mit Menschen arbeite"?

Dann möchte ich dir sagen: Das reicht mir als Antwort nicht. Ich glaube nicht, dass das alles ist.

Warum sich Menschen für einen pädagogischen Beruf entscheiden, hat meist etwas damit zu tun, wie sie aufgewachsen sind. All die Erfahrungen in deinem Aufwachsen haben dazu geführt, dass du irgendwann entschieden hast: Ich möchte mein Leben in den Dienst von anderen Menschen stellen.

Um in Krisen- und Konfliktsituationen möglichst souverän und authentisch reagieren zu können, ist es nicht ausschlaggebend, dass du dein Gegenüber gut kennst. Du musst vor allem dich selbst gut kennen. Nur wenn du dich selbst und deine Bedürfnisse gut kennst, wirst du auch in der Lage sein, Bedürfnisse bei anderen Menschen zu erkennen und damit beruflich erfolgreich/zielführend zu agieren.

Wie du eine Situation, ein Verhalten oder eine Äußerung wahrnimmst, bewertest und darauf reagierst, hängt ganz maßgeblich von deinen Prägungen und Erfahrungen ab. Für dich bedeutsame Erlebnisse und Erfahrungen werden in verschiedenen Situationen manchmal bewusst, meist aber unbewusst, angesprochen. Dann springen Automatismen an. Genau deshalb lohnt es sich, dass du dich im Rahmen dieses Workbooks mit dir selbst auseinandersetzt und dich noch besser kennenlernst.

Diese Reflexion ist meiner Meinung nach eine unverzichtbare Grundlage für die pädagogische Arbeit. Es lohnt sich einfach zu wissen, wie du wirkst, was dein Handeln auslöst und wie du auf andere Menschen eine positive Wirkung haben kannst.

Bitte erarbeite die folgenden Fragen mit hoher Bereitschaft zur Selbstreflexion. Folge gerne den ersten Impulsen, die sich als mögliche Antwort auf die kommenden Fragen ergeben. Höre auf deinen Bauch und folge deinem Herzen.

Gib dich bitte nicht mit der ersten Antwort zufrieden. Reflektiere, überprüfe und ergänze deinen Antworten von Zeit zu Zeit. Verschriftliche neue Erkenntnisse so, dass ältere Überlegungen erhalten bleiben und neu entstandene Notizen als solche gekennzeichnet sind.

Ziel der Fragen ist, Rückschlüsse auf deine bisherigen Kommunikations- und Konfliktstrategien zu gewinnen. Die Auseinandersetzung mit deiner eigenen Persönlichkeit und deinen eigenen Mustern lohnt sich – ich verspreche es dir!

Der Blick auf die eigene Biografie kann anstrengend und umfangreich sein. Nimm dir Zeit und arbeite Stück für Stück daran. Mache Pausen, wann immer du sie benötigst.

Wenn dies nicht dein erstes Workbook von mir ist, kennst du diesen Teil meiner Arbeit schon. Bitte nimm dir trotzdem Zeit für diese Inhalte.

Wie war mein bisheriger Lebensweg? Welche Ereignisse und Menschen haben mich besonders geprägt?

Sammle positive und negative Erlebnisse, an denen du gewachsenen bist.

Wie habe ich Beziehungen erlebt? Wie gestalte ich Beziehungen?

Was will ich an andere weitergeben? Was will ich auf gar keinen Fall so machen wie z. B. ein Elternteil oder andere Personen?

Welche Institutionen, wie Kita, Schule, Ausbildungsinstitut oder Universität haben mich geformt?

....

....

....

....

....

....

....

Welche Inhalte aus meinem Wissensweg habe ich verinnerlicht?

....

....

....

....

....

....

....

Welche Personen waren auf meinem Wissensweg meine Wegbegleiter? Welche Personen sind mir noch im Bewusstsein?

....

....

....

....

....

....

....

....

Wie steht es um meine Gesundheit? Gab es schwere Erkrankungen oder Unfälle?

Gibt es chronische Erkrankungen, die viel Aufmerksamkeit fordern?

Wie steht es um meinen Energiehaushalt – wie pflege ich diesen, lade ich meine Akkus regelmäßig auf?

Gibt es einen Leidens- oder Kränkungsweg? Gab es beispielsweise Mobbing oder schwere Zurückweisungen?

Oder habe ich mal jemanden gekränkt?

Welche Ressourcen, Fähigkeiten und Verarbeitungsstrategien zeichnen mich aus? Sind mir diese bewusst?

Befrage drei Personen, die dir nahestehen: Welche Eigenschaften schätzen sie an dir?

Person 1	Person 2	Person 3
....	....	....
....	....	....
....	....	....
....	....	....
....	....	....
....	....	....
....	....	....
....	....	....
....	....	....
....	....	....
....	....	....
....	....	....
....	....	....

Schaffe einen Abgleich zwischen Eigen- und Fremdwahrnehmung.

Eigenwahrnehmung	Fremdwahrnehmung
....	....
....	....
....	....
....	....
....	....
....	....
....	....
....	....
....	....
....	....
....	....
....	....
....	....

Welche Rollen habe ich inne? Welche Erwartungen habe ich an diese Rollen?

Welche Erwartungen haben andere an diese Rollen?

Gerate ich in Rollenkonflikte und wie gehe ich damit um?

Welche kulturellen, religiösen und/oder spirituellen Einflüsse habe ich erlebt?

Welche politischen, finanziellen und wirtschaftlichen Aspekte haben Einfluss auf mich?

Gibt es Bedürfnisse, die ich habe, aber übergehe, weil ich sie mir nicht eingestehe? Oder weil mir die Zeit fehlt oder ich ihnen zu wenig Aufmerksamkeit schenke?

Gibt es möglicherweise Bedürfnisse, die ich noch nie ausgesprochen habe?

Schaue nun noch mal ganz besonders auf deine Wegbegleiterinnen und Wegbegleiter:

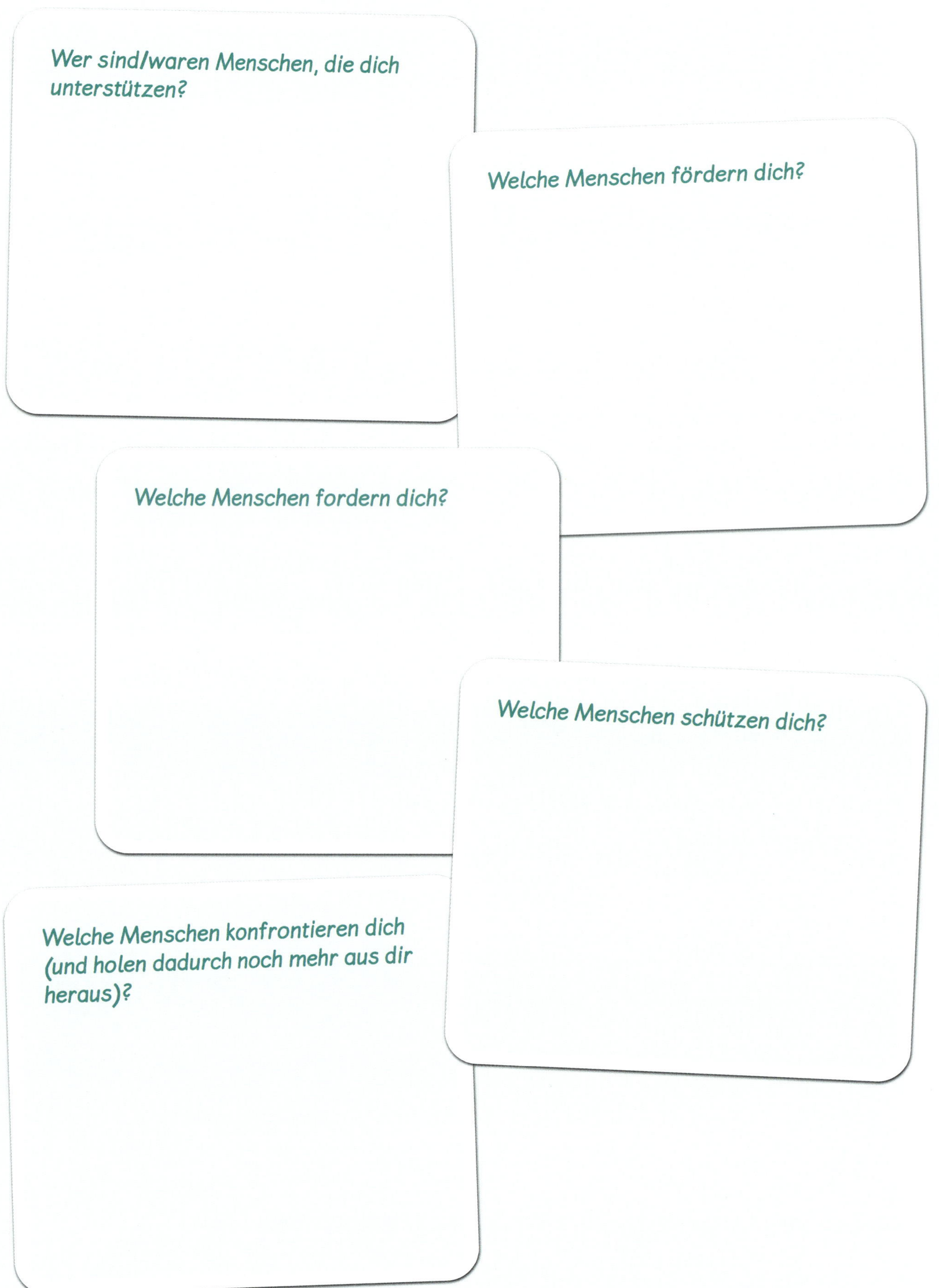

Abschließende Betrachtung

Schaue nun noch einmal zusammenfassend über deine Notizen.

Welche Fallen kannst du erkennen, in die du aufgrund deiner Prägungen tappst?

....

....

....

....

....

....

Welche Automatismen erkennst du bei dir?

....

....

....

....

....

....

Welche möglichen Reaktionswege erkennst du bei dir?

....

....

....

....

....

....

Sich selbst gut einschätzen und deeskalieren zu können ist DER Schlüssel zu einem entspannten Miteinander.

Um mit Provokationen und Widerständen durch Schülerinnen und Schüler bestmöglich umgehen zu können, lohnt sich meiner Meinung nach ein Blick in die Theorie des Konfliktmanagements. Im Folgenden betrachten wir verschiedene Konfliktarten und Konfliktlösungsmotivationen. Diese Theorien können dir helfen, Konflikte von vornherein für dich einzusortieren und mit den richtigen Strategien konstruktiv, wertschätzend und respektvoll zu bearbeiten. Hierbei geht es übrigens nicht nur um Konflikte mit Schülerinnen und Schülern, sondern auch um Konflikte, die sich für dich selbst aus deiner Arbeit ergeben.

Zunächst möchte ich dir die verschiedenen Arten von Konflikten vorstellen.

Wir unterscheiden fünf Konfliktarten:

- Sachkonflikte
- Zielkonflikte
- Struktur- und Verteilungskonflikte
- Beziehungs- und Rollenkonflikte
- Werte- und Beurteilungskonflikte

Zu jeder Konfliktart gibt es Übungen, in denen ich dich bitte, ganz genau deinen Alltag sowie deine Vergangenheit zu reflektieren, um daraus für dich zu lernen.

Verschiedene Arten von Konflikten

Sachkonflikte

Bei Sachkonflikten geht es um Fakten und nicht um Meinungen, Gefühle oder individuelle Bedürfnisse. Die jeweiligen Argumente der verschiedenen Seiten sind faktenbasiert und lassen sich überprüfen. Meiner Erfahrung nach lassen sich Sachkonflikte auf Basis der Fakten relativ leicht lösen.

Beispiele:

- Diskussionen über verschiedene Lernformen in der Schule (auch hier wieder nur der Blick auf die Fakten, sprich, die Vor- und Nachteile der jeweiligen Lernform).
- Konflikte über die Vor- und Nachteile von Zielen für eine Klassenfahrt (nur faktenbasierte Argumente).

Sachkonflikte begegnen dir häufig – quasi täglich – in deinem Alltag. Um dich selbst dafür zu sensibilisieren, notiere bitte eine Woche lang die Sachkonflikte, die dir bei deiner Arbeit mit Schülerinnen und Schülern begegnen. Schreibe auch den Kontext dazu.

....

....

....

....

....

....

....

....

....

....

....

....

....

....

....

Wie kannst du Sachkonflikte lösen?

Meiner Erfahrung nach bieten sich für Sachkonflikte folgende Lösungsmöglichkeiten an:

- Mein Mittel der Wahl ist die Pro- und Kontra-Liste. Sie bietet dir eine gute Grundlage, um faktenbezogen zu diskutieren. Wichtig ist, dabei Meinungen und Gefühle außen vor zu lassen und diese nicht mit den Fakten zu vermischen.

- Sind in einem Sachkonflikt schon zu viele Emotionen im Spiel, hole dir gerne Hilfe und ziehe von vornherein eine Mediation hinzu. Das ist keine Niederlage, sondern zeugt von deiner Professionalität.

- Kommst du in dem Konflikt trotz faktenbasierter Diskussion nicht weiter, empfehle ich dir, ein Schiedsgericht anzurufen, das eine Entscheidung fällt. Grundlage ist, dass die Entscheidung des Schiedsrichters / der Schiedsrichterin von allen Konfliktparteien anerkannt wird.

Nimm dir nun bitte Zeit, noch genauer hinzuschauen und lösungsorientiert zu arbeiten. Wähle einen Sachkonflikt aus deiner vorherigen Liste aus. Erstelle für den Fall eine rein faktenbezogene Pro- und Kontra-Liste.

Sind in dem Konflikt auch Meinungen, Gefühle, Bedürfnisse etc. geäußert worden? Notiere sie in der zweiten Tabelle, um sie von den Fakten zu lösen.

Sachkonflikt: ....

Pro-Argumente (Fakten)	Kontra-Argumente (Fakten)
....	....
....	....
....	....
....	....
....	....
....	....
....	....
....	....

Geäußerte Meinungen, Gefühle und Bedürfnisse als Pro-Argument	Geäußerte Meinungen, Gefühle und Bedürfnisse als Kontra-Argument
....	....
....	....
....	....
....	....
....	....
....	....
....	....
....	....

Mit einer Pro- und Kontra-Liste wie dieser kannst du dir eine gute Grundlage für die Lösung eines Sachkonfliktes erstellen.

Sachkonflikte und Emotionen

Bei Sachkonflikten kann es schnell passieren, dass sich Meinungen, Gefühle, Wertvorstellungen und Emotionen in die Diskussion mischen.
Wenn dir dies auffällt, mache der anderen Person freundlich deutlich, dass gerade verschiedene Elemente vermischt werden und ihr euch jetzt der faktenbezogenen Betrachtung widmen wollt.

Zielkonflikte

Zielkonflikte treten dann auf, wenn sich zwei Ziele bzw. Prioritäten genau gegenüberstehen. Bei Zielkonflikten ist die große Herausforderung, dass eigentlich auf keines der Ziele verzichtet werden kann. Es kann aber nur ein Ziel mit Priorität umgesetzt werden und das andere steht dadurch automatisch hintenan.

Übrigens: In deinem Arbeitsalltag hast du wahrscheinlich mehr Zielkonflikte mit dir selbst bzw. der Institution Schule als mit deinen Schülerinnen und Schülern selbst.

Beispiele:

- Im Unterricht: Tief in ein Thema einsteigen (Qualität) vs. viele Themen behandeln (Quantität)
- Individuelles Eingehen auf eine Schülerin / einen Schüler vs. standardisierte Abläufe, um möglichst vielen gerecht zu werden.

Ein typischer Zielkonflikt

Ein Schüler oder eine Schülerin stört deinen Unterricht und ein Konflikt entsteht zwischen euch. In solchen Situationen stehst du als Lehrkraft meist vor einem klassischen Zielkonflikt:
Einerseits möchtest du dem Schüler bzw. der Schülerin so individuell wie möglich begegnen und dir Zeit für die Klärung des Konfliktes nehmen. Andererseits sind da noch all die anderen Schülerinnen und Schüler in deiner Klasse, für die du den Unterricht fortsetzen möchtest.

Notiere bitte einige Zielkonflikte, die dir in den vergangenen Wochen bei deiner Arbeit mit Kindern und Jugendlichen begegnet sind. Schreibe auch den Kontext dazu.

....

....

....

....

....

Wie kannst du Zielkonflikte lösen?

Um Zielkonflikte zu lösen, kannst du folgende Ideen ausprobieren:

- Priorisiere die Argumente der jeweiligen Ziele: Was ist im aktuellen Moment gerade wichtiger?
- Nutze die Möglichkeit der Fokussierens und Verlagerns: Welche Ziele möchtest du als Erstes in den Fokus nehmen? Welche Ziele möchtest du auf einen späteren Zeitpunkt verlagern?

Wähle nun den Zielkonflikt aus deiner vorher geschriebenen Liste aus, der dir noch besonders gut vor Augen ist. Notiere detailliert für jede Seite die Argumente.

Denke daran, Meinungen, Gefühle, Bedürfnisse außen vor zu lassen.

Zielkonflikt: ....

Eigenwahrnehmung	Fremdwahrnehmung
....	....
....	....
....	....
....	....
....	....
....	....
....	....
....	....
....	....
....	....
....	....
....	....
Meinungen, Gefühle, Bedürfnisse (notieren, aber außen vor lassen)	
....	
....	
....	
....	
....	
....	

Priorisieren, Fokussieren und Verlagern

Das Priorisieren, Fokussieren und Verlagern kann dir eine gute Hilfe sein, um Zielkonflikte anzugehen.

Beispiel

Situation: Ein Schüler stört deinen Unterricht, indem er mit der Trinkflasche herumklappert.

Dein Zielkonflikt: Individuelles Eingehen auf den Schüler vs. Fortsetzen des Unterrichts

Festlegung des Ziels (Priorisieren, Fokussieren): Du entscheidest dich in dieser Situation dafür, dass dein priorisiertes Ziel das Fortsetzen des Unterrichts ist. Du entscheidest, dem Schüler die Trinkflasche wegzunehmen und dich in dieser Situation auf keine weitere Diskussion einzulassen. Ggf. gibst du dem Schüler einen kurzen Hinweis, dass du dir im Anschluss individuell Zeit für ihn nimmst.

Ziel, das verlagert wird: Individuelle Betreuung des Schülers

Plan für die Verlagerung: Du nimmst dir vor, langfristig und in verschiedenen Situationen an der Beziehung (zu der gesamten Gruppe) zu arbeiten.

Nun bist du dran: Schaue noch mal auf deine Liste mit den Zielkonflikten. Priorisiere nun die vorher genannten Argumente. (Leitfrage: Was ist im Moment gerade wichtiger?).

Lege dich fest und markiere z. B. mit Farben:

- **Worauf möchtest du dich aktuell fokussieren?**
- **Was möchtest du auf einen anderen, späteren Zeitpunkt verlagern?**

Priorisierung der Argumente
....
....
....
....
....
....
....
....
....
....
....
....
....

Auf dieses Ziel fokussiere ich mich aktuell:

....

....

....

Dieses Ziel / diese Ziele verlagere ich:

....

....

....

So kann ich das verlagerte Ziel demnächst erreichen:

....

....

....

Struktur- und Verteilungskonflikte

Struktur- und Verteilungskonflikte bestehen immer dann, wenn es zum Beispiel Unstimmigkeiten über die Verteilung bestimmter Ressourcen oder um bestimmte Organisationsprozesse gibt. Hier stehst du also selbst oft vor dem Konflikt.

Beispiele:

- die (un-)gerechte Verteilung von Lehrmitteln, Klassenräumen nach Größe, die Ausstattung von Bildungseinrichtungen, Zeit (z. B. Überstunden)
- der Wunsch, alle Lehrplaninhalte zu unterrichten, vs. sehr heterogene Schülerschaft (Strukturkonflikt)
- Eine Lehrkraft setzt auf strikte Regeln im Klassenzimmer. Einige Schülerinnen und Schüler rebellieren gegen diese Regeln. (Strukturkonflikt)
- Eine Lehrkraft möchte bestimmte Inhalte im Frontalunterricht vermitteln, die Schülerinnen und Schüler würden gerne kooperativ arbeiten. (Strukturkonflikt im Bereich Lernbedürfnisse und -stile)

- Lehrkräfte und Schülerinnen/Schüler sind sich über Bewertungsmaßstäbe uneinig (z.B. Verhältnis der Gewichtung von schriftlicher und mündlicher Leistung). (Strukturkonflikt)

- Gruppenaufgaben: Einige Schülerinnen und Schüler fühlen sich unfair behandelt, weil sie glauben, dass die Aufgabenverteilung ungerecht ist. (Verteilungskonflikt)

- Es gibt nicht genügend Computer oder Tablets für alle Kinder der Klasse und die Lehrkraft entscheidet, wer was wie lange nutzen darf. Einige Kinder fühlen sich ungerecht behandelt. (Verteilungskonflikt)

- Einige Schülerinnen und Schüler fühlen sich ungerecht behandelt, da die Lehrkraft anderen Kindern mehr Aufmerksamkeit oder individuelle Unterstützung zukommen lässt. (Verteilungskonflikt um Aufmerksamkeit, Sprechzeiten etc.)

Notiere bitte einige Struktur- und Verteilungskonflikte, die dir bei deiner Arbeit aktuell begegnen bzw. begegnet sind. Schreibe auch den Kontext dazu.

....

....

....

....

....

....

....

....

....

....

....

....

....

....

....

....

....

Lösungsmöglichkeiten für Struktur- und Verteilungskonflikte:

- Aufnahme des Status quo:
  - ▻ Welche Ressourcen stehen aktuell zur Verfügung? Mit welchen Mitteln kann gearbeitet werden?
  - ▻ Wo werden ggf. aktuell Ressourcen nicht gut genutzt oder verschwendet?
  - ▻ Welche Ressourcen, die aktuell noch nicht genutzt werden, stehen noch zur Verfügung?
  - ▻ Analyse der aktuellen Effektivität: Wie funktionieren aktuell die Prozesse? Wo kann verschlankt und optimiert werden?
- Abwägen zwischen den einzelnen Argumenten / Mediation zwischen den Konfliktparteien
- Ggf. Entwickeln von gemeinsamen Strategien, um struktur- und ressourcenschonender zu arbeiten (Prozessoptimierung)
- Nutzen von Fort- und Weiterbildungsmöglichkeiten zum Thema oder ggf. von externer Beratung, um neue Impulse zu erhalten

Wähle nun den Struktur- und Verteilungskonflikt aus deiner vorher geschriebenen Liste aus, der dir noch besonders gut vor Augen ist.

Notiere detailliert den Status quo. Denke daran, Meinungen, Gefühle, Bedürfnisse etc. außen vor zu lassen.

....

....

....

....

....

....

....

....

....

....

....

....

....

....

Welche möglichen Strategien siehst du, um struktur- und ressourcenschonender zu arbeiten?

Recherchiere einige Fort- und Weiterbildungsmöglichkeiten oder Möglichkeiten der externen Beratung zu dem Thema.

Beziehungs- und Rollenkonflikte

Beziehungs- und Rollenkonflikte stellen für Menschen in pädagogischen Berufen eine große Herausforderung dar. Denn diese Konfliktart beinhaltet eine meist ungünstige Mischung aus Überzeugungen, Erwartungen, Werten und Prinzipien, die der professionellen Verantwortung gegenüberstehen. Diese Kombination kann zu Konflikten führen, die wirklich schwierig zu lösen sind.

Beziehungs- und Rollenkonflikte erwachsen relativ häufig aus Sachkonflikten, wenn Emotionen, Erwartungen etc. ins Spiel kommen. Aber auch unterschiedliche Charaktereigenschaften, Arbeitsstile oder Temperamente können solche Konflikte auslösen.

Ein typisches Merkmal des Beziehungs- und Rollenkonfliktes ist ein hoher emotionaler Anteil aller Beteiligten. Der Konflikt verlässt die rationale, messbare Ebene und bewegt sich stark auf der Ebene der Prinzipien, Werte, Erwartungen und Normen.

Typische Argumente und Sätze sind:

- „Ich habe damit gute Erfahrungen gemacht."
- „Das ist viel schöner/besser, weil …"
- „Überlegen Sie mal, wie es Person X damit geht …"

Diese Inhalte sind nicht objektiv messbar, sondern emotional gefärbt.

In Beziehungs- und Rollenkonflikten kommt es häufig zu verbalen Angriffen, Abwertungen und verbalen Verletzungen.

Ein Beziehungs- und Rollenkonflikt liegt auch vor, wenn du als Lehrkraft Dinge umsetzen musst, die nicht deinem Rollenverständnis entsprechen. Das kann zum Beispiel die Umsetzung eines Ampel-Systems in der Schule sein, auf das sich das Kollegium geeinigt hat.

Beispiele:

- Eine Lehrkraft empfindet das Verhalten eines Kindes oder Jugendlichen als respektlos, die Schülerin oder der Schüler empfindet die Lehrkraft hingegen als unfair. (Beziehungskonflikt)

- Eine Schülerin oder ein Schüler fühlt sich von der Lehrkraft absichtlich schlechter bewertet bzw. das Kind hat das Gefühl, dass seine Leistung nicht anerkannt wird. (Beziehungskonflikt, Vertrauensverlust)

- Eine Lehrkraft versucht, eine freundschaftliche Beziehung zu den Schülerinnen und Schülern aufzubauen, um das Klassenklima zu verbessern. Dies führt jedoch zu Rollenkonfusion, da die Schülerinnen und Schüler die Grenzen zwischen Freund und Autoritätsperson nicht mehr klar erkennen. (Rollenkonflikt)

Notiere bitte einige Beziehungs- und Rollenkonflikte, die dir bei deiner Arbeit aktuell begegnen bzw. begegnet sind. Schreibe auch den Kontext dazu.

....

....

....

....

....

....

....

....

....

....

....

Lösungsmöglichkeiten für Beziehungs- und Rollenkonflikte:

- Rückführen des Gespräches auf die Sachebene.
- Bleibe in deiner Rolle als Lehrkraft und bewege dich in den dadurch gegebenen Rahmenbedingungen.
- Kommuniziere auch, dass du dich klar in deiner Rolle als Lehrkraft bewegst.

Wähle nun einen Beziehungs- und Rollenkonflikt aus deiner vorher geschriebenen Liste aus, der dir noch besonders gut vor Augen ist.

Notiere dazu einmal die Sachebene sowie die für dich dahinterstehenden Prinzipien, Normen und Werte.

Sachebene	Meine dahinterstehenden Prinzipien, Werte und Normen
....	....
....	....
....	....
....	....
....	....
....	....

Soweit es dir bekannt ist, notiere auch die für die andere Konfliktpartei dahinterstehenden Prinzipien, Werte und Normen.

....

....

....

....

Welche Rahmenbedingungen gibt dir deine Rolle als Lehrkraft in diesem Fall vor?

....

....

....

....

Notiere, wie du kommunizieren kannst, in welchen Rahmenbedingungen du dich in diesem Fall als Lehrkraft bewegst.

....

....

....

....

Meine Gedanken und Ideen

Werte- und Beurteilungskonflikte

Bei Werte- und Beurteilungskonflikten geht es um die Unvereinbarkeit von Sichtweisen, Normen, Werten und Meinungen.

Konflikte dieser Art sind meist sehr schwer zu lösen, weil Wertesysteme nur sehr wenig zu beeinflussen sind bzw. weil diese auch meist keinen objektiven Maßstab haben, anhand dessen sich Positionen messbar gegenüberstellen lassen.

Die Krux bei Werte- und Beurteilungskonflikten ist oft, dass es auf der Sachebene meist nicht viel zu diskutieren gibt, weil eben unterschiedliche Werte und Meinungen aufeinandertreffen.

Beispiele:

- Bewertung von Leistung im Schulsystem (nach Noten) vs. wie viel Mühe sich ein Kind bzw. Jugendlicher gegeben hat
- Die Leistungen von Kindern und Jugendlichen, die man mag, bewertet man als Lehrkraft positiver, als es eigentlich nach objektiven Maßstäben der Fall gewesen wäre.
- Ein Kind/Jugendlicher von befreundeten Eltern wird in seiner Leistung positiver bewertet.
- Unterschiedliche Auffassungen von Respekt zwischen Lehrkräften und Schülerinnen und Schülern
- Unterschiedliche Kriterien für die Bewertung von mündlichen Leistungen
- Unterschiedliche Auffassungen von Fairness

Notiere bitte einige Werte- und Beurteilungskonflikte, die dir bei deiner Arbeit aktuell begegnen bzw. begegnet sind. Schreibe auch den Kontext dazu.

Lösungsmöglichkeiten für Werte- und Beurteilungskonflikte:

- So viele Sachargumente wie möglich in den unterschiedlichen Positionen finden
- Klare Kommunikation (für Offenheit, Transparenz, Fairness sorgen)
- Schaffen von objektiven Kriterien, anhand derer bewertet werden kann
- Klare Positionierung zur eigenen Rolle als Lehrkraft

Wähle nun einen Werte- und Beurteilungskonflikt aus deiner vorher geschriebenen Liste aus, der dir noch besonders gut vor Augen ist.

Notiere dazu die entsprechenden Sachargumente.

....

....

Gibt es objektive Kriterien, anhand derer die Situation bewertet werden kann? Notiere sie.

....

....

Welche Rahmenbedingungen gibt dir deine Rolle als Lehrkraft in diesem Fall vor?

....

....

Teil des Konfliktes

Kleiner Reminder: Bitte denke daran, dass jede Partei den Konflikt aus ihrer Perspektive wahrnimmt. Man spricht hier auch von Wirklichkeitskonstruktionen – jede/jeder hat ihre/seine eigene Wirklichkeit und Wahrheit. Es gibt nicht die eine Wahrheit in einem Konflikt. So wie du den Konflikt erlebt hast, hat ihn dein Gegenüber womöglich nicht erlebt – immer abhängig davon, wie z. B. jemand geprägt wurde, welche Erfahrungen jemand gemacht hat oder welche anderen aktuellen Themen gerade eine Rolle spielen. Es geht in erster Linie darum, dass du nachvollziehen kannst, weshalb die Schülerin oder der Schüler sich für eine spezielle Verhaltensweise entschieden hat. Egal, ob diese nun angemessen war oder nicht.

„Ich verstehe dich" kannst du also auch sagen, wenn du anderer Meinung bist.

Deine Konfliktlösungsmotivationen

Der Blick auf deine Konfliktlösungsmotivation kann dich dabei unterstützen, Konflikte besser einzuordnen, dein Verhalten zu reflektieren und auf eventuell erlernte Rollenmuster zu schauen. Weichst du Konflikten zum Beispiel eher aus oder bist du ein Mensch, der auch bei kleinen Konflikten mit aller Härte dagegen vorgeht?

Ich möchte dich einladen, hier genauer hinzusehen.

Ich verstehe dich

Die verschiedenen Arten von Konfliktlösungsmotivationen lassen sich gut in folgendem Diagramm darstellen, das die Ergebnisebene und die Beziehungsebene miteinander in Verhältnis setzt.

- y-Achse: Wie wichtig oder unwichtig ist der Partei das Ergebnis?
- x-Achse: Wie wichtig oder unwichtig ist der Partei die Beziehungsebene?

Beziehungs- und Ergebnisebene bedingen sich gegenseitig.

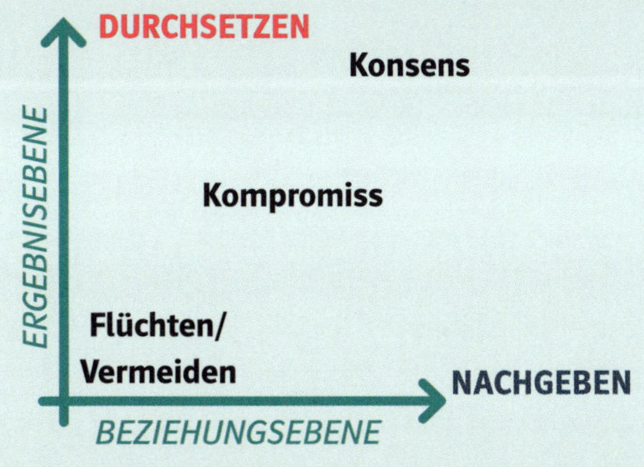

Der Konsens stellt das Idealbild bei Konfliktlösungen dar: Alle haben ein gleiches Bild vom Ergebnis, deswegen gibt es auch auf der Beziehungsebene ein maximales Ergebnis. Doch leider – du weißt es aus deiner beruflichen Praxis selbst – der Konsens ist ein seltenes Pflänzchen!

Im Alltag kommt es eher zum Durchsetzen, Nachgeben, Vermeiden/Ignorieren oder zum Finden eines Kompromisses. Im Folgenden werfen wir zunächst einen Blick auf die ersten drei Konfliktlösungsmotivationen. Dabei schauen wir besonders auf deine persönliche Situation und dein Verhalten.

Flüchten und Vermeiden

Flüchten und Vermeiden sind mögliche Lösungsstrategien für Konflikte. Diese Lösungsstrategien werden meist dann ergriffen, wenn das Ergebnis nicht wichtig ist und ebenso nicht die Beziehung zu den Menschen, mit denen wir den Konflikt haben. Zum Beispiel Menschen, mit denen wir sonst nichts zu tun haben.

Zu flüchten und zu vermeiden und damit eine Konfliktsituation zu verlassen ist eine legitime Strategie, um Konflikte zu lösen. Das kann bedeuten, im richtigen Moment nicht in einen Machtkampf einzusteigen und für sich festzustellen, „Hier bin ich raus, ich gehe".

Die Option „Flüchten und Vermeiden" lässt sich allerdings mehr im privaten als im beruflichen Bereich anwenden. Gerade im beruflichen Kontext kann man oft nicht flüchten oder vermeiden – und es ist aus meiner Sicht auch nicht zu empfehlen.

Flüchten und Vermeiden kann auch eine (in der Kindheit) erlernte Konfliktlösungsstrategie sein. Bist du durch solche Konfliktlösungsmuster geprägt, kann es passieren, dass du Flüchten und Vermeiden in Situationen anwendest, in denen diese Strategie eigentlich gar nicht passt. Also zum Beispiel, wenn dir eigentlich das Ergebnis und/oder die Beziehungsebene wichtig ist – du dich aber durch dein erlerntes Muster so verhältst, als wäre dir beides nicht wichtig. Hier lohnt es sich für dich, genauer hinzuschauen.

Bitte denke an einige Konfliktsituationen aus der jüngsten Vergangenheit. Welche Gefühle lösten die Konflikte bei dir aus? Geben sie dir ein ungutes Gefühl? Hast du den Impuls, dem Konflikt entfliehen oder ihn vermeiden zu wollen?

Bitte schildere genau, was in solchen Situationen in dir vorgeht.

Fallen dir rückblickend Situationen in deiner Vergangenheit ein, in denen du Flüchten und Vermeiden angewendet hast, obwohl dir das Ergebnis und/oder die Beziehung wichtig waren? Notiere ein paar Beispiele und die Hintergründe dazu.

Steckt eventuell ein in der Kindheit erlerntes Muster dahinter?

Durchsetzen

Wenn uns in einem Konflikt das Ergebnis oder die Sache viel wichtiger ist als die Beziehung zu den Menschen, mit denen wir im Konflikt sind, dann ist die daraus resultierende Konfliktstrategie das Durchsetzen.

Dass du dich durchsetzen kannst, setzt allerdings drei Dinge voraus:

- Du hast ein gewisses Standing, um dich durchzusetzen.
- Dir wurde die nötige Autorität verliehen, um dich durchzusetzen.
- Du besitzt die Macht, dich durchzusetzen.

Hast du einen dieser genannten Punkte nicht, wirst du dich nicht durchsetzen können.

In welchen Situationen in deinem beruflichen Kontext ist es lohnenswert, dass du dich durchsetzt? In welchen Situationen ist dir das Ergebnis wichtiger als die Beziehungsebene?	In welchen Situationen in deinem beruflichen Kontext lohnt es sich nicht, dass du dich durchsetzt? Sprich: In welchen Situationen ist zwar das Ergebnis wichtig – aber die Beziehungsebene ebenso?

Das Fundament des Durchsetzens heißt Autorität

Real Talk: Hast du ein schwaches Standing bei deinen Schülerinnen und Schülern und wirst nicht ernst genommen, kannst du auch keine Autorität haben. Denn Autorität wird dir von anderen zugesprochen bzw. verliehen – für das, was du bist: zum Beispiel für deine Haltung, für deine Aufrichtigkeit, für deine Verlässlichkeit. Deine Autorität resultiert aus deinem Standing.

Um dich gegenüber deinen Schülerinnen und Schülern in Konflikten durchzusetzen, benötigst du also ein hohes Maß an Standing bzw. Autorität.

100 Prozent durchsetzen: Der Machtkampf

Gehe niemals in einen Machtkampf, bei dem du dir nicht zu 100 Prozent sicher bist, dass du ihn innerhalb von drei Sekunden gewinnst. Denn das Schlechteste, was dir in einem Machtkampf passieren kann, ist, dass du ihn verlierst. Dadurch machst du dich unsympathisch und unglaubwürdig und du hast gute Chancen, dass die andere Person danach zum Beispiel mauert.

Ich will mich durchsetzen, aber der andere muss mitmachen …

Durchsetzen eignet sich nicht als Konfliktlösungsstrategie, wenn du die andere Konfliktpartei brauchst, um das gewünschte Ergebnis umzusetzen. Dann kann es passieren, dass es Schülerinnen und Schüler gibt, die das Ganze inhaltlich sabotieren, weil durch das Durchsetzen die Beziehungsebene zwischen ihnen und dir zerstört wurde.

Aus einer zunächst für dich vorhandenen Win-lose-Situation kann so eine Lose-lose-Situation entstehen: Obwohl du dich am Anfang durchgesetzt hast, verlieren im Laufe des Prozesses dann doch alle.

Meine Gedanken und Ideen

Durchsetzen und Beziehungsebene

Setzt du dich in einer Situation gegenüber einer Schülerin oder einem Schüler mit aller Macht durch, kann es passieren, dass eure Beziehungsebene einen Knacks bekommt.

Vielleicht hilft es dir, dich in diesen Situationen zu fragen: „Was ist mein Ziel hinter dem Ziel?"

Also: Ist das Ziel, dass die Schülerin oder der Schüler genau jetzt Sache X erledigt? Oder ist das Ziel, dass sie oder er langfristig kooperativer mit dir zusammenarbeitet und ihr eine bessere Beziehung aufbaut?

Hier kannst du Gedanken zum „Ziel hinter dem Ziel" notieren:

....

....

....

....

....

....

....

Es gibt Situationen, in denen ist es wichtig, dass du dich durchsetzt. Die Konfliktlösungsstrategie des Durchsetzens ist ein legitimes Mittel, wenn für dich absolut das Ergebnis im Vordergrund steht und du bereit bist, dafür eventuell die Beziehung zu der anderen Person / den anderen Personen zu riskieren.

Sich auch bei Kleinigkeiten mit aller Macht durchsetzen zu wollen und dafür vehement zu kämpfen, kann auch ein erlerntes Rollenmuster sein. Bitte nimm dir etwas Zeit und schaue, ob du bei dir dafür Indikatoren entdecken kannst.

....

....

....

....

....

....

....

Nachgeben

Wenn für dich in einem Konflikt die Beziehungsebene wichtiger ist als das Ergebnis, dann kannst du die Konfliktstrategie Nachgeben nutzen. Das ist vollkommen legitim! Manchmal kann das für den langfristigen Prozess mit Kindern und Jugendlichen wertvoll sein. Langfristig kannst du durch das Nachgeben in einem Konfliktfall vielleicht andere wichtige Ziele erreichen.

Beispiel

Es soll ein Ziel für einen Klassenausflug festgelegt werden. Du schlägst einen Ausflug in ein Museum vor, die Schülerinnen und Schüler wollen lieber in einen Freizeitpark fahren. Zugunsten der Beziehungsebene mit den Kindern und Jugendlichen kannst du dich guten Gewissens dafür entscheiden, in diesem Fall nachzugeben und dein Ziel zurückzustellen.

Nimm dir bitte Zeit und schreibe einige Situationen auf, in denen für dich Nachgeben die passende Lösungsstrategie war oder ist – weil für dich die Beziehungsebene im Vordergrund stand/steht.

Notiere bitte genau, warum das Ergebnis hier für dich in den Hintergrund rücken darf bzw. warum du es für den langfristigen Prozess vorteilhaft findest, in der Situation nachzugeben.

Welches langfristige Ziel verfolgst du?

....

....

....

....

....

....

....

....

....

....

....

....

....

In heiklen pädagogischen Situationen kannst du auch mal nachgeben, wenn dahinter ein übergeordnetes Ziel steht, das du erreichen möchtest.

Denke an dein „Ziel hinter dem Ziel“!

Das Verhältnis von Durchsetzen und Nachgeben

Durchsetzen und Nachgeben bedingen sich gegenseitig: Wenn du dich immer durchsetzt, kreierst du Verliererinnen und Verlierer auf der Beziehungsseite. Wenn du hingegen immer nachgibst, rückt stets dein Ergebnis in den Hintergrund.

Aus meiner Erfahrung möchte ich dir empfehlen, beim Thema Durchsetzen und Nachgeben genau hinzuschauen: Es kann passieren, dass Lose-lose-Situationen entstehen – es also nur noch Verlierende gibt, sowohl auf der Ergebnis- wie auch auf der Beziehungsseite.

Bist du jemand, der schnell oder sofort nachgibt? Ärgerst du dich oft später, dass du so gehandelt hast? Wenn du dich darin wiederfindest, kann auch ein erlerntes Rollenmuster hinter deinem Verhalten stecken. Bitte nimm dir etwas Zeit und schaue, welche Indikatoren du bei dir entdecken kannst.

Einen Kompromiss schließen

Ich möchte dich einladen, zum Start in das Thema einmal in dich hineinzuspüren, welche Emotionen das Wort „Kompromiss“ in dir auslöst. Welche Emotionen und Gedanken verbindest du mit Kompromissen – sowohl im Negativen wie auch im Positiven?

....

....

....

....

....

....

....

....

....

....

....

....

....

....

....

....

....

....

Der Kompromiss: der goldene Weg, um Konflikte zu lösen

Der Kompromiss wird oft als *goldener Weg der Konfliktlösung* bezeichnet. Ich würde sagen, er ist eher der *glänzende Weg* von allen, aber nicht ganz *der* goldene Weg. Denn einen Kompromiss zu schließen bedeutet immer ein Entgegenkommen beider Parteien. Für dich ist es außerdem oft ein Abwägen zwischen der Pflege der Beziehungsebene und dem Durchsetzen deiner Interessen. Meist musst du im Kompromiss auf ein Stück deines gewünschten Ergebnisses verzichten, um die Beziehungsebene aufrechtzuerhalten oder um auf der Beziehungsebene etwas zu erreichen.

Gerade dann, wenn uns Dinge enorm wichtig sind, fällt es uns schwer, im Kompromiss auf etwas zu verzichten, um der anderen Partei entgegenzukommen. Ich glaube aber, dass du als Pädagogin bzw. Pädagoge in Krisen- und Konfliktsituationen enorm wertvoll sein kannst, wenn es dir gelingt, den Kompromiss als sinnvolle Option in Betracht zu ziehen.

Notiere spontan einige Kompromisse, die du in der letzten Zeit vor allem mit Schülerinnen und Schülern geschlossen hast. Schreibe jeweils dazu:

- **Was ist dir am Schließen des Kompromisses schwergefallen?**
- **Worauf hast du verzichtet – zugunsten von was?**
- **Warum hast du dich so verhalten – verfolgst du ein langfristiges Ziel („Ziel hinter dem Ziel")?**

Kernstück eines Kompromisses ist oft, dass du dich ein Stück zurücknimmst – vielleicht empfindest du das im ersten Impuls als unnötig oder unlogisch, denn als Lehrkraft gibst du ja meistens den Weg vor. In bestimmten Situationen kann ein Kompromiss mit einem Schüler oder einer Schülerin aber sinnvoll sein. Das ist meistens dann der Fall, wenn du auf der Beziehungsebene ein langfristiges Ergebnis erreichen möchtest.

Dazu möchte ich dich bitten, folgende Impulse zu bearbeiten und deine Gedanken dazu zu notieren:

Ich unterstelle der anderen Person keine Absicht – auch wenn ich mir sicher bin, dass es Absicht war. Stattdessen könnte ich Folgendes sagen oder tun ...

Ich gehe nicht automatisch in den Machtkampf, wenn mir eine Sache sehr wichtig ist. Ich behalte auch die Beziehungsebene im Blick ...

Manchmal ist es für die Beziehungsebene sinnvoll, dass ich mich bedanke, auch wenn es aus meiner Sicht eigentlich nichts zu bedanken gibt.

Manchmal ist es für die Beziehungsebene sinnvoll, dass ich Verständnis äußere, auch wenn ich gerade nur wenig Verständnis für ein Verhalten oder eine Situation habe. Gerade im Konfliktmanagement kommt Professionalität vor Authentizität. Es ist also manchmal für den guten (Beziehungs-)Prozess hilfreich, einen Schritt nach hinten zu machen. Zudem bedeutet Verständnis haben nicht, einverstanden zu sein.

Praxiswoche Konfliktlösungsstrategien

Notiere eine Woche lang in Stichpunkten, für welche Konfliktlösungsstrategie du dich in welcher Situation in deinem Schulalltag entscheidest – und warum.

Das war der Konflikt: ....

Für diese Lösungsstrategie habe ich mich entschieden: ....

....

Darum habe ich mich für diese Konfliktlösungsstrategie entschieden (Blick auf die Bedeutung von Ergebnis und Beziehung):

....

....

....

Das war der Konflikt: ....

Für diese Lösungsstrategie habe ich mich entschieden: ....

....

Darum habe ich mich für diese Konfliktlösungsstrategie entschieden (Blick auf die Bedeutung von Ergebnis und Beziehung):

....

....

....

Das war der Konflikt: ....

Für diese Lösungsstrategie habe ich mich entschieden: ....

....

Darum habe ich mich für diese Konfliktlösungsstrategie entschieden (Blick auf die Bedeutung von Ergebnis und Beziehung):

....

....

....

Das war der Konflikt: ....

Für diese Lösungsstrategie habe ich mich entschieden: ....

....

Darum habe ich mich für diese Konfliktlösungsstrategie entschieden
(Blick auf die Bedeutung von Ergebnis und Beziehung):

....

....

....

....

Das war der Konflikt: ....

Für diese Lösungsstrategie habe ich mich entschieden: ....

....

Darum habe ich mich für diese Konfliktlösungsstrategie entschieden
(Blick auf die Bedeutung von Ergebnis und Beziehung):

....

....

....

....

Das war der Konflikt: ....

Für diese Lösungsstrategie habe ich mich entschieden: ....

....

Darum habe ich mich für diese Konfliktlösungsstrategie entschieden
(Blick auf die Bedeutung von Ergebnis und Beziehung):

....

....

....

....

Erinnere dich an Konflikte in deiner Vergangenheit. Für welche Konfliktlösungsstrategien entscheidest du dich häufig bis regelmäßig? In welchen Situationen kannst du dein Konfliktverhalten eindeutig deiner persönlichen Prägung zuordnen?

Das war der Konflikt: ....

Für diese Lösungsstrategie habe ich mich entschieden: ....

....

Darum ordne ich mein Verhalten in diesem Konflikt meiner persönlichen Prägung zu:

....

....

....

....

Das war der Konflikt: ....

Für diese Lösungsstrategie habe ich mich entschieden: ....

....

Darum ordne ich mein Verhalten in diesem Konflikt meiner persönlichen Prägung zu:

....

....

....

....

Das war der Konflikt: ....

Für diese Lösungsstrategie habe ich mich entschieden: ....

....

Darum ordne ich mein Verhalten in diesem Konflikt meiner persönlichen Prägung zu:

....

....

....

....

Das war der Konflikt: ....

Für diese Lösungsstrategie habe ich mich entschieden: ....

....

Darum ordne ich mein Verhalten in diesem Konflikt meiner persönlichen Prägung zu:

....

....

....

....

Das war der Konflikt: ....

Für diese Lösungsstrategie habe ich mich entschieden: ....

....

Darum ordne ich mein Verhalten in diesem Konflikt meiner persönlichen Prägung zu:

....

....

....

....

....

Das war der Konflikt: ....

Für diese Lösungsstrategie habe ich mich entschieden: ....

....

Darum ordne ich mein Verhalten in diesem Konflikt meiner persönlichen Prägung zu:

....

....

....

....

....

Deeskalation umfasst eine Reihe von Maßnahmen, die das Ziel haben, Gewalt und Aggression bei unserem Gegenüber und bei uns selbst zu verhindern. Ziel ist es nicht nur, andere zu beruhigen, sondern auch uns selbst.

Die Deeskalation soll noch keine Lösungsprozesse anschieben, sondern erst mal nur eine aufgeheizte Situation beruhigen – sodass danach Lösungsprozesse möglich sind.

Bitte habe nicht den Anspruch an dich, dass dir deeskalierendes Handeln immer perfekt gelingt. Es ist ganz normal, dass Situationen manchmal zu aufgeheizt sind oder uns auch mal nicht die passenden Handlungsoptionen einfallen! Der Weg ist das Ziel!

Die drei Säulen der Deeskalation

Damit Deeskalation gelingen kann, müssen drei Dinge gegeben sein:

- Wissen: Du hast das Wissen darüber, wie Deeskalation theoretisch funktioniert.
- Können: Du kannst das Wissen anwenden und übst regelmäßig die praktische Anwendung.
- Wollen: Das Wollen ist bei der Deeskalation das Wichtigste – denn Deeskalation ist eine Entscheidung. Du musst dich dafür entscheiden, zukünftig deeskalierend handeln zu wollen.

Deeskalierend zu handeln ist eine Entscheidung, die du für dich treffen musst. Es bedeutet nicht, dass du dich dafür immer verbiegen oder immer zurückstecken musst. Aber es kann bedeuten, dass du für das Gelingen eines Prozesses bei dir selbst in gewissen Situationen die Handbremse einlegen oder gewisse Dinge sagen oder tun musst.

Was verhindert Deeskalation?

Bitte notiere einige Situationen mit deinen Schülerinnen und Schülern aus der Vergangenheit, in denen du dir im Nachgang ein deeskalierendes Handeln gewünscht hättest, es in der jeweiligen Situation aber nicht umsetzen konntest. Zum Beispiel, weil du dich ungerecht behandelt gefühlt hast, weil dein Stolz verletzt war, weil du persönlich angegriffen wurdest, deine Kompetenz untergraben wurde etc.

Beschreibe zudem die aufkommenden Gefühle, Gedanken, Kränkungen oder weitere Gründe für dein damaliges Handeln.

Meist sind es die folgenden drei Dinge, die verhindern, dass wir selbst deeskalierend handeln:

Übersprungshandlungen: Die Situation überfährt uns (emotional) so sehr, dass wir schneller handeln, als wir es eigentlich wollen. Typisch für Übersprungshandlungen ist, dass man etwas sagt, was man später bereut.

Falsches Verständnis von Autorität: Zum Beispiel wird man laut oder macht sich groß, um damit die eigene Autorität zu untermauern.

Angst vor dem Macht- und Kontrollverlust: Wenn wir das Gefühl haben, nichts mehr sagen oder nicht mehr handeln zu können, dann handeln wir manchmal in einer Art und Weise, die wir am nächsten Tag bereuen.

Nimm dir nun bitte Zeit und schaue dir deine vorher notierten Situationen aus der Vergangenheit noch mal genau an. Notiere bitte zu jeder Situation, ob es sich um eine Übersprungshandlung, eine unangemessene Form von Autorität oder um die Angst vor Kontrollverlust handelte.

Bitte gehe alle Situationen genau durch. Erkennst du eventuell Muster?

Wie deeskaliere ich mich eigentlich selbst?

Wenn der Pegel steigt

In Krisen- und Konfliktsituationen ist der Pegel an Stresshormonen oft so hoch, dass wir nicht mehr rational, sondern emotional agieren. Als Lehrkraft stehst du vor der Aufgabe, dich selbst und meist auch die Schülerinnen und Schüler runterzufahren.

Das Gute ist: Die Zeit arbeitet mit dir. Der Pegel an Stresshormonen sinkt innerhalb einiger Minuten wieder ab. Wie schnell das geht, ist individuell. Ist der Pegel an Botenstoffen im Gehirn noch zu hoch, ist zum Beispiel gar keine Konfliktklärung möglich, da das Handeln noch emotional statt rational läuft.

Wenn du merkst, dass bei dir der Stresspegel steigt, helfen dir folgende kleine Maßnahmen:

- kontrolliertes und bewusstes Ein- und Ausatmen
- rückwärts langsam von zehn runterzählen

Warum funktionieren diese kleinen Maßnahmen? Die oben genannten Handlungen sind bewusst bzw. rational gesteuert, du gibst deinem Gehirn also eine rationale Aufgabe. Dadurch ist weniger Raum dafür, dass emotionales Handeln die Oberhand gewinnt.

Üben, üben, üben ... oder: Die Sache mit der Feuerwehr

Rationale Handlungen in Stresssituationen durchzuführen, um dadurch den eigenen Stresspegel herunterzufahren, ist Übungssache! Ich empfehle dir, viel in deinem Alltag und vor allem in nicht stressigen Situationen zu üben. Übe dann, wenn du gerade das Gefühl hast, nicht üben zu müssen. So trainierst du langfristig dein Gehirn und kannst später auch in schwierigen Situationen auf diese Fähigkeit zurückgreifen.

Es ist quasi wie bei der Feuerwehr:

Das Löschen von Bränden üben die Feuerwehrleute, wenn sie keine Einsätze haben – und nicht erst dann, wenn ein Haus lichterloh in Flammen steht.

Finde deine eigene rationale Aufgabe – eine, die dir gut steht und gut zu dir passt. Hier kannst du Ideen notieren. Und bitte denke daran: üben, üben, üben!

Rationale Aufgaben können sein: ein Spruch oder Mantra, durchatmen, ein Bild im Kopf, ein Armband o. Ä., das dich daran erinnert, in Stresssituationen kurz innezuhalten ...

....

....

....

....

....

....

SOS-Maßnahmen für dich selbst

Wenn du merkst, dass bei dir der Stresspegel steigt und gefühlt dein Körper voller Stresshormone ist, helfen dir folgende kleine Maßnahmen:

- kontrolliertes und bewusstes Ein- und Ausatmen
- rückwärts langsam von 10 runterzählen

Warum funktionieren diese kleinen Maßnahmen? Die oben genannten Handlungen sind bewusst bzw. rational gesteuert – und dadurch ist weniger Raum dafür, dass emotionales Handeln die Oberhand gewinnt.

Du gibst deinem Gehirn also eine rationale Aufgabe und sorgst so dafür, dass der Stresspegel sinkt.

Kritik nicht persönlich nehmen

In den meisten Fällen geht es bei der Kritik, die von Schülerinnen und Schülern an dich herangetragen wird, nicht um dich persönlich. Meist geht es um bestimmte Sachen, Regeln, Verfahrensanweisungen usw., die hinter deinem Tun stecken. Merkst du, dass du in diesen Fällen die Kritik persönlich nimmst, kann es für dich selbst hilfreich sein, dich daran zu erinnern, dass du nur eine bestimmte Sachlage vertrittst oder umsetzt.

Gegenüber den Schülerinnen und Schülern, aber auch für dich selbst, sind an dieser Stelle Erklärungen sehr hilfreich. Warum hast du so gehandelt, wie du gehandelt hast?

Eine weitere Frage, die du dir stellen kannst: Warum nimmst du dir eine Kritik zu Herzen? Vielleicht ist sie unfair und unberechtigt. Vielleicht ist aber auch ein Fünkchen Wahrheit dran. Groß ist, wer das zugeben kann. Das macht sympathisch.

Schaue gerne eine Woche lang genauer hin:

Wie reagierst du auf Kritik, die an dich herangetragen wird? Nimmst du sie schnell persönlich? Wenn ja, was steckt dahinter?

Kannst du zugeben, wenn eine Kritik gerechtfertigt ist? Und hast du dies auch in der entsprechenden Situation getan?

....

....

....

....

....

....

....

....

Der Umgang mit eigenen negativen Emotionen

Negative Emotionen lassen sich im Schulalltag nicht verhindern – sowohl bei den Schülerinnen und Schülerinnen wie auch bei dir selbst nicht.

Viele Lehrkräfte schlucken ihre negativen Emotionen jedoch oft herunter. Gehörst du auch dazu? Wenn ja: Warum?

....

....

....

....

....

....

....

....

....

....

....

....

....

....

....

....

....

....

Ich möchte dich gerne dazu ermuntern, auch deine negativen Emotionen mit deinen Schülerinnen und Schülern zu teilen. Das bedeutet natürlich nicht, dass du jede Kleinigkeit mitteilen solltest, aber eben die Fälle, die dir wichtig sind. Auch hier gilt: Der Ton macht die Musik.

Wenn du negative Emotionen mit deinen Schülerinnen und Schülern teilst, erkläre bitte gleichzeitig, was zu diesen Emotionen geführt hat. Beschreibe möglichst sachlich die Situation oder die Verhaltensweise. So machst du deutlich, dass dich nicht generell das eine Kind sauer macht, sondern das Verhalten, das es gezeigt hat.

Anstatt zu sagen: „Kind XY, du machst mich sauer“, sage lieber: „Kind XY, dass du jetzt gerade den Unterricht störst, macht mich sauer.“

Bitte nimm dir Zeit und notiere einige Situationen aus der Vergangenheit, in denen das Verhalten von Schülerinnen und Schülern für negative Emotionen bei dir gesorgt hat. Wie hast du die Emotionen mitgeteilt? Wie kannst du in ähnlichen Situationen in Zukunft eventuell besser formulieren?

....

....

....

....

....

....

....

....

Deeskalierende Ausstrahlung

Der aus meiner Sicht wichtigste Teil der Deeskalation sind nicht besondere Strategien oder Kommunikationstools – aus meiner Sicht ist deine Ausstrahlung dein bestes Werkzeug, um deeskalierend zu arbeiten. Deine Ausstrahlung bewirkt, wie andere Menschen dich wahrnehmen: zum Beispiel als Opfer oder als souveräne Person, die weiß, was sie will und was sie tut.

Ich lade dich daher dazu ein, vor allem auf deine Körpersprache zu schauen und daran zu arbeiten. Denn deine Körperhaltung, deine Mimik und deine Gestik tragen maßgeblich dazu bei, dass sich zum Beispiel ein Konflikt durch dein Einwirken weiter verschärft oder ob er sich abkühlt.

Tipps: So kannst du deine eigene deeskalierende Ausstrahlung fördern

- Sei gut zu dir selbst. Reduziere Stress und gönne dir regelmäßige Ruhephasen.
- Bedenke, dass du von Herzen nur gut für andere sein kannst, wenn du es auch für dich bist.
- Gehe mit einem Lächeln in Situationen, die schwierig sind – denn mit einem Lächeln hast du positiven Einfluss auf dein Gegenüber. Versuche, eine gewisse Lässigkeit in dir zu verankern, die gleichzeitig Stärke mit sich bringt. Vielleicht könnte dein Mantra sein: „Ich weiß ganz genau, was ich hier tue, wofür ich stehe, und ich habe die volle Kontrolle – dabei bin ich freundlich-professionell."
- Achte auf deine Körperhaltung – besonders auf deine Hände und Füße. Verstecke deine Hände nicht (z. B. hinter dem Rücken), sondern zeige sie offen – das symbolisiert Offenheit.
- Lasse deine Füße gerade zu deinem Gegenüber stehen.
- Achte auf deinen optischen Eindruck: Pflege dich und kleide dich angemessen. Erschaffe eine Version von dir, mit der du zufrieden bist.

Bitte notiere: Mit welcher Ausstrahlung, mit welcher Körperhaltung bin ich in letzter Zeit in Konflikte gegangen?

....
....
....
....
....
....
....
....
....
....
....
....

Bitte überlege dir nun: Mit welcher Ausstrahlung und welcher Körperhaltung möchtest du in Zukunft in Konflikte gehen? Wie möchtest du durch deine Ausstrahlung wirken?

....
....
....
....
....
....
....
....
....
....
....
....
....

Nimm dir bitte Zeit, dich ein oder zwei Wochen lang in deinem Alltag genau zu beobachten. Was hast du dafür getan, um deine deeskalierende Ausstrahlung zu fördern?

In diesen Situationen war ich gut zu mir selbst:

So habe ich Stress reduziert und mir Ruhephasen gegönnt:

In diese schwierigen Situationen bin ich mit einem Lächeln gegangen und habe freundlich-professionell agiert:

In diesen Situationen habe ich gezielt auf meine Hände und Füße geachtet:

Das habe ich für meinen optischen Eindruck getan:

Weitere Gedanken und Notizen zu diesem Thema:

Achtsamkeit und Wahrnehmung

Achtsamkeit hat viele Facetten – im Folgenden soll es um die Achtsamkeit bei der Deeskalation gehen.

Beginnen möchte ich dieses Thema mit einer kleinen Übung:

Bitte schaue dich 20 Sekunden lang ganz bewusst in dem Raum um, in dem du dich gerade befindest, und identifiziere alle blauen Gegenstände.

Schließe nun bitte deine Augen und nenne alle grünen Gegenstände, die du im Raum wahrgenommen hast.

Der Fokus unserer Wahrnehmung

Wahrscheinlich ist dir das Nennen der grünen Gegenstände gerade recht schwergefallen, obwohl du dich vorher intensiv im Raum umgeschaut hast. So geht es den meisten Menschen – und das ist auch ganz normal. Wenn wir uns intensiv auf etwas konzentrieren (hier: blaue Gegenstände), nehmen wir andere Dinge kaum oder nicht wahr (hier: grüne Gegenstände).

Diese kleine Übung verrät uns viel darüber, wie unsere Wahrnehmung funktioniert: Wir filtern unsere Umgebung nach individuellen Kriterien. Jede/jeder schaut quasi durch *ihre/seine eigene Brille* auf Gegenstände, Situationen, Menschen … und so entsteht unser individuelles Weltbild.

Wahrnehmung ist also etwas, das mehr von dir abhängt als von der Person oder der Situation, die du wahrnimmst.

Pro Sekunde erreichen uns etwa zwei Millionen Reize über unsere fünf Sinne (sehen, hören, riechen, schmecken, fühlen). Von diesen zwei Millionen Reizen pro Sekunde nehmen wir aber nur fünf bis neun Reize bewusst wahr (so der aktuelle Stand der Wissenschaft). Aus diesen wenigen Informationen konstruiert sich jeder Mensch sein eigenes Weltbild.

Dieses Wissen ist mir wichtig, denn es sagt eines aus: Keine und keiner von uns kennt die eine Wahrheit. Jede/jeder von uns hat ihre/seine eigene Wahrnehmung bzw. konstruierte Wahrheit.

Und hier kommt die Achtsamkeit ins Spiel: Ich möchte dich dazu einladen, auf Konflikte mit einer besonderen Achtsamkeit zu schauen. Denn in Konflikten treffen nur konstruierte Wahrheiten aufeinander. Es gibt nicht die eine Wahrheit in einem Konflikt.

Schaue daher bitte in Konfliktsituationen achtsam auf deine innere Haltung: Wie möchtest du die Situation wahrnehmen? Wie möchtest du deine Schülerinnen und Schüler, die ihre eigene Wirklichkeit und Wahrheit haben, wahrnehmen? Ist deine innere Haltung geleitet von einem grundsätzlich wertschätzenden, respektvollen, achtsamen Menschenbild? Wie steht es um dein Einfühlungsvermögen, um deine Empathie?

Notiere zu den eben gestellten Fragen bitte deine spontanen Gedanken und Gefühle. Entsteht vor deinem geistigen Auge ein Bild oder ein Ziel? Schreibe es gerne auf. Du kannst auch ein Mindmap anlegen.

Schaue dir nun noch mal genauer deine eigene Wahrnehmung an. Die folgenden fünf Punkte können dir helfen:

- Erkenne die Grenzen deiner eigenen Wahrnehmung. Mache dir bewusst, dass du nur deine eigene Wahrnehmung und deine eigene Wahrheit erlebst – und dass diese bei deinen Schülerinnen und Schülern ganz anders aussehen können.

Vielleicht erinnerst du dich spontan an eine Situation aus der Vergangenheit, in der du das Gefühl hattest, es prallen Welten aufeinander? Eben weil die Wahrnehmungen einer Situation so weit auseinanderlagen und du erst im Konflikt/Gespräch verstehen konntest, welche Sicht bei der Konfliktpartei vorliegt? Schreibe sie auf.

....

....

....

....

- Trainiere deine Gelassenheit. Wer gelassener ist, handelt oftmals besonnener und wertvoller für das eigene Umfeld.

Schaue in deinem Alltag bitte genauer hin: Wann gerätst du in Anspannung? Was hilft dir, in solchen Situationen zurück in die Gelassenheit zu finden?

....

....

....

....

- Entwickle ein sensibles Gespür für angespannte Situationen, kleine Missstände und sich anbahnende Konflikte.

Bitte nimm dir in deinem Alltag Zeit, Anspannungen und sich anbahnende Konflikte wahrzunehmen. Das ist Übungssache. So lernen wir, kleinste Signale unseres Gegenübers zu erkennen und darauf zu reagieren. Welche Signale erkennst du? Wie handelst du?

……………………………………………………………………………………………

……………………………………………………………………………………………

……………………………………………………………………………………………

……………………………………………………………………………………………

- Lass dich nicht von Angst und Ärger leiten. Versuche, objektiv zu bleiben, denn Angst und Ärger sorgen automatisch dafür, dass sich unsere Wahrnehmung negativ verfärbt.

Nimm dir bitte in der kommenden Woche Zeit, in Situationen, in denen du Angst oder Ärger verspürst und daraus handeln möchtest, kurz innezuhalten. Mache dir bewusst, welche Auswirkungen Angst und Ärger auf deine Wahrnehmung haben.

Welche Situationen sind dir begegnet?

……………………………………………………………………………………………

……………………………………………………………………………………………

……………………………………………………………………………………………

……………………………………………………………………………………………

- Versuche, durch die Brille deines Gegenübers zu sehen – versetze dich also in die Lage der Schülerinnen und Schüler. Versuche nachzuspüren, wie es der jeweiligen Person geht und wie sie in die Lage gekommen ist, in der sie sich gerade befindet.

Nimm dir bitte in der kommenden Woche Zeit, in verschiedenen Situationen den Perspektivwechsel zu üben und dich in die Lage deiner Schülerinnen und Schüler zu versetzen.

Welche Situationen sind dir begegnet?

……………………………………………………………………………………………

……………………………………………………………………………………………

……………………………………………………………………………………………

……………………………………………………………………………………………

Deine emotionale Intelligenz

Ich möchte dich nun einladen, dich genauer mit dem Thema emotionale Intelligenz zu beschäftigen. Um Konfliktsituationen souverän zu meistern, ist meiner Meinung nach eine gut entwickelte emotionale Intelligenz enorm wichtig. Deine eigene emotionale Intelligenz kannst du gezielt in den Fokus rücken und trainieren.

Dazu empfehle ich dir die folgenden Übungen, auf die du dich zum Beispiel jeweils eine Woche lang konzentrieren kannst. Das ist natürlich nur der Start ins Thema – aber vielleicht ist es eine Herangehensweise, mit der du gut arbeiten kannst.

Übe, dich selbst und deine Emotionen wahrzunehmen. Es ist wichtig, dass du deine eigenen Emotionen annehmen und anerkennen kannst. Bedenke auch, dass deine Emotionen immer Einfluss auf dein Verhalten haben.

Meine Gedanken und Erfahrungen:

Übe dich in Selbstkontrolle.

Meine Gedanken und Erfahrungen:

Arbeite an deiner Selbstmotivation. Für deeskalierendes Verhalten ist es wichtig, dass du immer wieder motiviert bist, das Gute in anderen zu sehen und positiv zu denken.

Meine Gedanken und Erfahrungen:

Trainiere deine Empathie: Versetze dich in die Lage anderer Personen und erkenne ihre Wahrheit an. Vielleicht würdest du genau wie diese Person handeln, wenn du in seinen/ihren Schuhen stecken würdest.

Meine Gedanken und Erfahrungen:

Präventive Deeskalation – Konflikte schon im Vorfeld vermeiden

Ziel der präventiven Deeskalation ist es, Konflikte schon im Vorfeld zu vermeiden, sodass sie möglichst gar nicht erst entstehen.

Kleiner Reminder: Wichtig sind nicht die Kämpfe, die du gewonnen hast, sondern die, die du verhindert hast.

Ich bin ein großer Freund der präventiven Deeskalation. Mit ihr verhinderst du nicht nur bestenfalls den Konflikt, als großes Plus stärkst du zusätzlich die Beziehung zu deinen Schülerinnen und Schülern sowie deine Position als authentische Lehrkraft.

Dreh- und Angelpunkt der präventiven Deeskalation ist deine innere Haltung. Denn oft ist man als Lehrkraft selbst Auslöser von Konflikten – weil man in kleinen Situationen viel zu heftig reagiert, weil man glaubt, dass man so Autorität ausstrahlt oder eine Machtposition bekleidet. Du kannst als Lehrkraft viel im Sinne der präventiven Deeskalation tun, indem du darauf achtest, nicht selbst zum Auslöser zu werden. Darauf bauen auch die folgenden vier Grundsätze auf:

Grundsätze der präventiven Deeskalation

Erster Grundsatz: Halte mal den Ball flach! Koche selbst nicht hoch und mache die Situation dadurch nicht unnötig schwieriger, als sie ist.

Zweiter Grundsatz: Sorge dafür, dass dein Gegenüber sich nicht bloßgestellt fühlt und sein Gesicht wahren kann. Schaffe zum Beispiel keine unnötige Öffentlichkeit für das Thema und sprich es nicht im Kreise der Freunde der Person an. Solche Situationen führen schnell dazu, dass sich die Schülerin oder der Schüler bloßgestellt fühlt, sich rechtfertigt und sich die Situation hochschaukelt.

Dritter Grundsatz: *Blicke sind Berührungen auf Distanz*, das heißt, je nachdem, wie du jemanden anschaust, dringst du in seine Komfortzone ein und schaffst gegebenenfalls Unwohlsein. Denke an deine wertschätzende innere Haltung, die einen wertschätzenden Blick im Gepäck hat.

Vierter Grundsatz: Schaffe dir keine Gegnerinnen und Gegner. Sorge dafür, dass Konflikte gar nicht erst hochkochen und dadurch Situationen entstehen, in denen dich die Schülerinnen und Schüler als Gegner/Gegnerin (und nicht als Partner/Partnerin) empfinden. Mach dir die Schülerinnen und Schüler nicht zum Feind!

Bitte schaue eine Woche lang ganz genau hin und notiere, wie du die vier Grundsätze der präventiven Deeskalation umsetzt. Was klappt gut, wo gibt es Verbesserungspotenzial?

Situation	Vier Grundsätze der Deeskalation umgesetzt:	Das lief gut:	Das möchte ich verbessern:

Schneller Reminder zu den vier Grundsätzen:

- Ball flach halten
- Gegenüber nicht bloßstellen
- den eigenen Blick kontrollieren
- sich nicht Gegnerinnen und Gegner schaffen

Klare Ansagen

Wenn Kinder über Tische und Bänke gehen, nicht richtig mitarbeiten usw., fällt oft ein Satz: „Die brauchen mal eine klare Ansage!" Vielleicht hast du diesen Satz auch schon ausgesprochen oder zumindest gedacht.

Viele Menschen meinen mit klarer Ansage allerdings Strenge, Härte und Macht, oft auch laut zu werden.

Ich bin ein Fan von klaren Ansagen. Allerdings nicht im Sinne von „auf den Tisch hauen" oder „Ich zeige dir, wer hier das Sagen hat".

Eher im Sinne von: Klarheit in der Formulierung, Verlässlichkeit von Aussagen und Nachvollziehbarkeit der Worte. Denn Kinder und Jugendliche brauchen Klarheit – als verlässliche Größe, als Orientierung, als Halt und Anker. Hier kannst du mit deiner Kommunikation viel für die Schülerinnen und Schüler leisten.

Meine Betonung liegt also mehr auf KLAR als auf ANSAGEN.

Beispiel:
Natürlich kannst du sagen: „Ich würde mich riesig freuen, wenn alle sich auf ihre Stühle setzen würden." Das kann klappen. Du darfst aber auch sagen: „Setzt euch bitte hin." – Der Ton macht die Musik.

Eine Botschaft, freundlich, wertschätzend, mit einem bitte versehen und gleichzeitig klar formuliert, ist für die Schülerinnen und Schüler oftmals hilfreicher, als du denkst. Es macht einfach und verständlich deutlich, was du von den Kindern und Jugendlichen in diesem Moment möchtest, ohne dass du streng sein musst oder es unnötig viel Raum für Diskussionen gibt.

Es geht nicht um Macht, Strenge und Härte!

Es geht um Verlässlichkeit, Halt, Orientierung, Struktur und Wertschätzung – eben um KLARE Kommunikation.

Bitte nimm dir ein paar Tage lang Zeit und schaue genau hin: Wie klar sind deine Aussagen gegenüber deinen Schülerinnen und Schülern? Notiere bitte einige Situationen und überlege, wenn nötig, wie du in Zukunft klarer formulieren und handeln kannst.

Situation, genutzte Formulierungen:	Wie hast du Verlässlichkeit, Halt, Orientierung, Struktur und Wertschätzung kommuniziert?	Hast du auf Macht, Strenge, Härte gesetzt? Wenn ja, wie hast du dich genau verhalten?	Eventuelle Verbesserung für die Zukunft (ggf. genaue Formulierung notieren):

Aktive Deeskalation – Hilfen für den Ernstfall

Bei der aktiven Deeskalation steigst du in Konflikte ein, die bereits da sind – du kommst quasi nicht mehr drumherum, der Konflikt liegt auf dem Tisch.

Für aktive Deeskalation gibt es keine Musterlösung, kein Patentrezept und keine Standard-Sätze, die immer funktionieren! Jede Situation und jeder Mensch ist anders, und ebenso individuell muss Deeskalation gestaltet werden. Du hast aber einen sicheren Ausgangspunkt, von dem aus du deeskalierend wirken kannst: und das bist du selbst. Deine Gedanken und dein Handeln sind enorm wichtig!

Damit Deeskalation im Konfliktfall gelingen kann, ist es aus meiner Erfahrung ganz entscheidend, dass du aktiv handelst. Rutschst du in Konfliktsituationen in eine passive Haltung, wirst du von der Konfliktpartei eher als Opfer wahrgenommen, und auch du selbst nimmst dich eher so wahr. Aktiv deeskalierend zu handeln bedeutet, selbst einen Plan zu haben und diesen zu verfolgen, statt nur auf das zu reagieren, was von deinen Schülerinnen und Schülern kommt.

Wichtig ist, dass du schnell und aktiv deinen eigenen Deeskalations-Plan angepasst an die jeweilige Situation abrufen und umsetzen kannst.

Bitte nimm dir etwas Zeit und gehe in Gedanken einige Konflikte durch, die es in der jüngsten Zeit mit Schülerinnen und Schülern gab. Hattest du selbst einen Plan, wie du vorgehen möchtest, oder hast du eher nur auf das Verhalten der Kinder/Jugendlichen reagiert? Hast du dich eventuell als passiv, überrumpelt oder hilflos empfunden? Bitte beschreibe die Situation und deine Gefühle genau.

Vorbereitung ist die halbe Miete: deine Top-5-Herausforderungen

Gute Deeskalation fußt auf dem Wissen um das, was für dich schwierig werden kann, und deiner gründlichen Vorbereitung darauf.

Was meine ich mit diesem Satz? Ich bin mir sicher, dass dir spontan einige wiederkehrende Konflikte mit Schülerinnen und Schülern aus deinem Schulalltag einfallen, die dich herausfordern. Genau auf diese Situationen kannst du dich gezielt vorbereiten.

Schau dir bitte deinen Alltag an und notiere die fünf häufigsten Herausforderungen mit Schülerinnen und Schülern, die du in deinem Unterricht und deinem pädagogischen Alltag erlebst. Nimm dir dann bitte die Zeit und bereite dich gezielt darauf vor, indem du einen Plan für dein deeskalierendes Handeln entwirfst und passende Sätze notierst.

Meine Top-5-Herausforderungen:

- ....
- ....
- ....
- ....
- ....

Praxistipps

- Bedenke bei deiner Vorbereitung: Inhaltlich unterscheiden sich die Konflikte vielleicht, aber im Kern haben sie wiederkehrende Themen.
- Frage dich: Wie möchte ich zukünftig mit solchen Situationen umgehen? Wie möchte ich reagieren, um deeskalierend zu arbeiten und um souverän zu bleiben?
- Spiele diese Situationen mit deinem gewünschten Verhalten immer wieder im Kopf durch, um sie in dir zu festigen. Je öfter du die Situationen vor deinem geistigen Auge durchspielst, desto höher ist die Wahrscheinlichkeit, dass du dein gewünschtes Verhalten dann auch in der Konfliktsituation abrufen kannst. Es ist ein Trainingsprozess!

Thema Körperhaltung

Nimm dir bei deiner Vorbereitung gerne etwas Zeit und achte noch mal gesondert auf deine Körperhaltung:

- Nimm eine offene Körperhaltung ein und stehe sicher mit beiden Beinen fest auf dem Boden.
- Deine Hände befinden sich in deiner Wohlfühlzone (irgendwo zwischen Bauchnabel und Kinn), zeige sie offen. Deine Füße zeigen in Richtung der Konfliktpartei.
- Mache dich groß und stark, ohne bedrohlich und aggressiv zu wirken.

Welche Körperhaltungen wirken bedrohlich und aggressiv?

- Fäuste ballen
- Hände verstecken (z.B. in den Hosentaschen oder die Hände hinter dem Körper verschränken)
- Hände agieren weit vor deinem Körper (und gestikulieren stark)

Übe die verschiedenen Körperhaltungen gerne mal vor dem Spiegel oder filme dich selbst (z.B. mit dem Handy).

Im Folgenden findest du Platz für deine detaillierte Vorbereitung:

Herausforderung 1

Situation:

....

....

....

So habe ich bislang reagiert:

....

....

....

Mein Plan für die Zukunft (inklusive passender Sätze, die ich sagen kann):

....

....

....

....

Herausforderung 2

Situation:

....

....

....

So habe ich bislang reagiert:

....

....

....

Mein Plan für die Zukunft (inklusive passender Sätze, die ich sagen kann):

....

....

....

....

Herausforderung 3

Situation:

....

....

....

So habe ich bislang reagiert:

....

....

....

Mein Plan für die Zukunft (inklusive passender Sätze, die ich sagen kann):

....

....

....

....

Herausforderung 4

Situation:

....

....

....

So habe ich bislang reagiert:

....

....

....

Mein Plan für die Zukunft (inklusive passender Sätze, die ich sagen kann):

....

....

....

....

Herausforderung 5

Situation:

....

....

....

So habe ich bislang reagiert:

....

....

....

Mein Plan für die Zukunft (inklusive passender Sätze, die ich sagen kann):

....

....

....

....

Start-Pläne

Wie sieht es aber mit Situationen aus, die du zuvor noch nicht erlebt hast und/oder die dich einfach überrumpeln? Ich empfehle dir, hierfür sogenannte Start-Pläne anzulegen. Was sind allgemeingültige erste Reaktionen, die du zeigen kannst? Welche Sätze kannst du sagen, welche Handlungen vollziehen?

Diese Start-Pläne emöglichen es dir, dich kurz zu sammeln und dir ein grobes Vorgehen zu überlegen.

Meine Start-Pläne

Mögliche Sätze, Handlungen, Reaktionen …

Entscheidungen treffen

Um Konfliktsituationen gut deeskalieren zu können, musst du möglichst schnell handeln und dafür schnelle Entscheidungen treffen. Dafür brauchst du deine vorbereiteten Deeskalations-Pläne: Je schneller du deinen Plan umsetzt, desto weniger haben andere Zeit, ihr Vorgehen weiter fortzusetzen.

Und was, wenn du eher ein Mensch bist, der schlecht Entscheidungen treffen kann?

Real Talk: Sich nicht entscheiden zu können ist eine Entscheidung! Du kannst dich nicht nicht entscheiden. Wenn du dich nicht entscheidest, gibst du die Entscheidung in der Sache an deine Schülerinnen und Schüler ab.

Daher mein Tipp: Entscheide dich lieber schnell, handle entsprechend und justiere lieber später noch bei Kleinigkeiten nach.

Gedanken, die dir vielleicht helfen:
Höre auf dein Bauchgefühl und deine Intuition! Gerade in Konfliktmomenten haben wir eine verschärfte Wahrnehmung für das, was gerade passiert.
Nutze Kräfte und Energiereserven. Diese Energiereserven kannst du anlegen, indem du in deinem Alltag gut zu dir bist.
Wenn du aus rationalen Gründen oder aus deinem Bauchgefühl heraus eine Situation verlassen möchtest, dann ist das vollkommen legitim. Auch das ist Deeskalation und keine Schwäche.

Gefühle anerkennen und verstehen

Du kennst es sicherlich: Das Verhalten von Schülerin X oder Schüler Y ist für dich nicht nachvollziehbar. Aus Sicht des Kindes hat es aber einen Grund und eine Berechtigung. Es kann hilfreich sein, hier die Schülerinnen und Schüler ihre Perspektive erklären zu lassen. Denn alles, was Menschen tun, tun sie nur dann, wenn sie sich einen Gewinn davon versprechen. Das bedeutet, dass die aktuell als schwierig empfundene Verhaltensweise für dieses Kind in diesem Moment, in der aktuellen Lebensphase, die bestmögliche Strategie ist, um mit einer Situation fertigzuwerden und sein Gesicht zu wahren.

Was mir wichtig ist: Bei dem Verhalten des Kindes oder Jugendlichen geht es nicht darum, einfach nur mehr Aufmerksamkeit zu bekommen. Meist geht es um grundlegendere Bedürfnisse wie Liebe, Achtung, Struktur und Gesehenwerden.

„Der / Die will einfach nur Aufmerksamkeit!" ist meiner Meinung nach eine viel zu häufig verwendete Floskel, über die wir in der Tiefe meist nicht nachdenken.

Wenn du für deine Schülerinnen und Schüler auch in Konfliktsituationen gut sein möchtest, hilft oft ein einziger Satz: „Ich verstehe dich." Kaum ein anderer Satz beinhaltet in so wenigen Worten so viel Wertschätzung und lässt dein Gegenüber dadurch so schnell herunterfahren.

Es geht bei diesem Satz nicht darum, alles gutzuheißen und auf jede Rechtfertigung einzugehen. Du darfst und solltest im Konfliktfall auch eine andere Sichtweise haben und vertreten.

Es geht in erster Linie darum, dass du nachvollziehen kannst, weshalb die Schülerin oder der Schüler sich für eine spezielle Verhaltensweise entschieden hat. Egal, ob diese nun angemessen war oder nicht.

„Ich verstehe dich" kannst du also auch sagen, wenn du anderer Meinung bist.

Verständnis haben, ohne einverstanden zu sein, ist der Schlüssel zu einer gelingenden Deeskalation.

Das Warum in Konfliktsituationen

Achtung: Ist (bildlich gesprochen!) das Kind schon in den Brunnen gefallen und es liegt ein (handfester) Konflikt vor oder wurden Regeln nicht eingehalten, ist die Frage nach dem Warum nicht hilfreich.

„Warum hast du XY gehauen?" „Warum hast du schon wieder deine Hausaufgaben nicht gemacht!?" „Warum kannst du denn nicht einmal deinen Müll nicht in den Mülleimer werfen?!" – In diesen und ähnlichen Situationen stellen wir die Frage nach dem Warum sehr schnell. Meist stellen wir diese Frage unüberlegt, weil uns in diesem Moment nichts Besseres einfällt.

Mein Tipp: Frage in diesen Situationen nicht nach dem Warum. In den seltensten Fällen bekommst du eine Antwort, die du hören möchtest oder mit der du zufrieden bist.

Denn die Frage nach dem Warum bringt dein Gegenüber in die Lage, sich verteidigen und rechtfertigen zu müssen. Keine angenehme Situation!

Was dann? Akzeptiere die Situation, bestehe auf Vereinbarungen und erwarte, dass es beim nächsten Mal anders läuft.

Meine Gedanken und Ideen

Gamechanger Humor und Irritation

Meiner Erfahrung nach sind die beiden großen Hebel von Deeskalation Humor und Irritation. Das mag vielleicht erst mal komisch klingen, in angespannten Situationen humorvoll zu reagieren oder sich so zu verhalten, dass es deine Schülerinnen und Schüler irritiert. Viele Lehrkräfte denken, ernste Situationen erfordern ein komplett ernstes Verhalten. Natürlich solltest du in Konfliktsituationen nicht albern sein, verstehe mich nicht falsch.

Aber als souveräne Lehrkraft mit Standing kannst du auch mal mit Irritation und Humor arbeiten. Das beides in Kombination ist so wirkungsvoll wie kaum etwas anderes. Salopp gesagt: Tu etwas, womit niemand rechnet, und wenn´s richtig gut läuft, bist du auch noch lustig dabei.

Übrigens: Der größte Verhinderer von gelungener Deeskalation und Kommunikation ist unser eigenes Ego. Nur ein Gedankenanstoß!

Hier lohnt es sich meiner Meinung nach, einige Standardfälle im Kopf durchzugehen und zu überlegen, ob du schlagfertige und humorvolle Formulierungen findest, die zu dir passen. Ganz wichtig: Liegt dir das nicht, dann lasse es bitte. Es ist wichtig, dass du authentisch bleibst.

Situation	Formulierung
....	....
....	....
....	....
....	....
....	....
....	....
....	....
....	....
....	....
....	....
....	....
....	....
....	....
....	....
....	....
....	....
....	....
....	....
....	....
....	....
....	....
....	....
....	....
....	....
....	....

NICHT AUF DEN KONFLIKT WARTEN

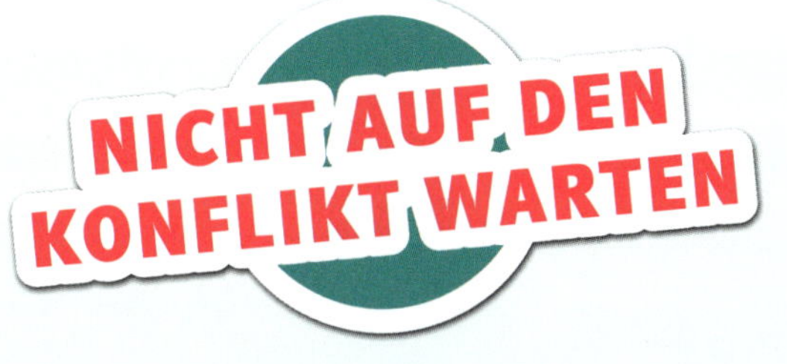

Kennst du das? Du weißt ganz genau, wenn Kind X Aufgabe Y erledigen soll, wird es schwierig. Kind Y eskaliert regelmäßig in der Pause. Kind Z sprengt mit großer Sicherheit jede zweite oder dritte Sportstunde.

Bitte nimm dir etwas Zeit und notiere jene Konflikte und Vorfälle von und mit deinen Schülerinnen und Schülern, von denen du heute schon sagen kannst, dass sie sicherlich demnächst auftreten werden.

Ich werde oft gefragt, wie man in diesen Momenten cool und souverän mit der richtigen Strategie reagieren kann.

Hier antworte ich gerne: Mach´ doch mal was, was alle anderen nicht machen! Was ich damit meine: Alle anderen warten darauf, dass es mit Kind XY wieder schwierig wird, und wollen dann eine passende Reaktion parat haben.

Sei cleverer und warte nicht auf die Konflikte – du weißt ja, dass die Konflikte kommen werden!

Pro-aktiv handeln

Wenn du bei bestimmten Kindern und Jugendlichen heute schon weißt, welche Situationen morgen mit ihnen schwierig werden, dann ist pro-aktives Handeln meine Empfehlung an dich.

Und so kann es gehen: Suche (gleich morgen) das Gespräch mit den betreffenden Schülerinnen und Schülern. Mache dies am besten direkt zum Schulstart – wenn's geht, schon vor der ersten Stunde. Tue dies bitte zu einem Zeitpunkt, wo die Stimmung gut ist und es noch keinen Vorfall gab.

Sage in einem freundlichen Ton zu der Schülerin oder dem Schüler in etwa diese Worte: „Ich weiß, und du weißt auch, dass es nachher wieder dazu kommt, dass XY passiert" (zum Beispiel ein anderes Kind ärgern oder eine Prügelei auf dem Schulhof). Du kommunizierst also im Vorfeld, was schwierig werden kann.

Weiter kannst du dann in ruhigem, wertschätzendem Ton sagen: „Und jetzt brauche ich von dir eine Idee, wie wir beide heute gemeinsam verhindern können, dass XY wieder passiert. Wie können wir zusammen verhindern, dass sich andere Schülerinnen und Schüler über dich ärgern und dass ich mich über dich ärgere? Wie können wir gemeinsam dafür sorgen, dass du heute nach der Schule mit einem guten Gefühl nach Hause gehen kannst, weil nichts passiert ist?"

Mit diesen Worten zeigst du der Schülerin oder dem Schüler, dass du sie bzw. ihn siehst. Du signalisierst: Ich kenne dich, ich bin für dich da, ich möchte gemeinsam mit dir eine Lösung entwickeln. Dadurch bindest du das Kind oder den Jugendlichen direkt in den Lösungsprozess mit ein und kommst gleichzeitig weg von Strafen und Konsequenzen. Die meisten Lehrkräfte empfinden dieses Handeln als unglaublich entlastend.

Eventuell wirst du auf deine Fragen von der Schülerin bzw. dem Schüler sogar Antworten bekommen, mit denen du nicht gerechnet hast und die dir eine ganz neue Sicht auf die Perspektive des Kindes bzw. des Jugendlichen geben.

Meine Gedanken und Ideen

Hochstatus und Tiefstatus

Hast du schon mal vom Hoch- und Tiefstatus gehört und warum dieses Thema für dich als Lehrkraft wichtig ist? Hierum soll es im Folgenden gehen.

Treffen mehrere Menschen aufeinander, entscheidet sich meist ganz automatisch und unterbewusst, wer eher die Führung der Gruppe übernimmt und wer nachfolgt. Es ergibt sich meist daraus, wie sich die Personen verhalten bzw. wie sie wahrgenommen werden. Hier spricht man auch von Tiefstatus und Hochstatus.

Tiefstatus	Hochstatus
Die Person macht sich eher klein und spricht leise und langsam. Sie wirkt unsicher und verletzlich. Auch Mimik und Gestik wirken unsicher (sie sind z.B. etwas zu schnell oder die Person berührt sich sehr oft selbst). Menschen im Tiefstatus wirken nicht souverän. Sie sind eher bereit, jemandem zu folgen.	Die Person strahlt Souveränität aus, sie hat eine offene Körperhaltung und einen offenen Blick. Menschen mit Hochstatus berühren sich nicht wiederholt selbst am ganzen Körper (Ausnahme: die Hände ineinanderlegen, um Souveränität zu vermitteln). Personen mit Hochstatus strahlen aus: *Ich bin mir meiner Sache sehr sicher.*

Sozialer Status und kommunikativer Status

Neben Tief- und Hochstatus sind auch der soziale sowie der kommunikative Status einer Person wichtig.

Dies erkläre ich gerne am Beispiel eines Königs:

Ein König hat einen hohen sozialen Status. Wenn er sich aber wie ein Mensch mit Tiefstatus verhält (also durch seine Art zu sprechen sowie seine Körpersprache), ist sein kommunikativer Status gering. Dadurch sinkt der gesamte Status des Königs ab, denn er wird zwar in seinem sozial hohen Status akzeptiert, aber auf die Menschen um ihn herum wirkt viel mehr sein geringer kommunikativer Status.

Der kommunikative Status einer Person entscheidet also darüber, ob sie ihrem sozialen Status entsprechend wahrgenommen wird.

Welchen Status braucht es als Lehrkraft für den Umgang mit Widerständen?

Wahrscheinlich kannst du es dir schon denken: Gerade wenn du mit Widerständen von Schülerinnen und Schülern konfrontiert bist, solltest du als Lehrkraft im Hochstatus sein. Dazu gehört auch, dass du deinen sozialen Status mit deinem kommunikativen Status auskleidest. Das ist dein wichtiges Fundament, um souverän mit Widerständen umgehen zu können.

Meine Gedanken und Ideen

Bitte nimm dir in den kommenden Tagen etwas Zeit und schaue genau auf dich:

- **Mit welcher Körperhaltung gehst du in eine Klasse?**
- **Wie gehst du in die Kommunikation mit deinen Schülerinnen und Schülern?**
- **Sagt dein sozialer Status genau das Gleiche wie dein kommunikativer Status?**
- **Bist du eine Lehrkraft im Hochstatus?**
- **Was fehlt dir eventuell, um im Hochstatus zu sein?**
- **Woran solltest du arbeiten?**

Die Sinnstiftungsfalle

Wie schnell du dich als Lehrkraft selbst unbewusst und ungewollt vom Hochstatus in den Tiefstatus begeben kannst, möchte ich dir anhand der Sinnstiftungsfalle erklären.

Doch zunächst einmal: Was ist die Sinnstiftungsfalle?

Kennst du das? Irgendeine Schülerin oder irgendein Schüler hält sich im Unterricht wiederholt nicht an eine Klassenregel. Du möchtest die Situation pädagogisch wertvoll lösen und nimmst dir daher Zeit, die Schülerin oder den Schüler an die Klassenregel zu erinnern. Du erklärst in aller Ruhe, warum es wichtig ist, dass die Regel eingehalten wird, und warum das für alle in der Klasse wichtig ist.

Und schon bist du in die Sinnstiftungsfalle getappt: Du beschreibst im Zuge eines Konfliktes, warum es sinnvoll ist, sich an Regeln zu halten. Du versuchst quasi, den *Sinn der Regel im Kopf des Kindes zu stiften.*

Genau DAS ist die Sinnstiftungsfalle. Wir laufen vor allem in diese Falle, weil wir darauf hoffen, durch unsere Worte einen Konsens mit der anderen Partei zu erreichen, weil wir gute und überzeugende Argumente genannt haben.

Meine Gedanken und Ideen

Beispiel: Durch die Sinnstiftungsfalle in den Tiefstatus rutschen

Wie du in die Sinnstiftungsfalle läufst und gleichzeitig in den Tiefstatus gerätst, möchte ich dir anhand des folgenden Beispiels zeigen:

Schüler X stört den Unterricht, indem er mit der Trinkflasche, die auf seinem Tisch steht, spielt. Du forderst den Schüler auf, seine Trinkflasche vom Tisch zu nehmen.

Du sagst in etwa folgende Sätze: „Wir hatten uns doch alle mal auf Regel XYZ geeinigt. Da vorne hängt das Plakat, auf dem du auch unterschrieben hast.“ „Es stört auch die anderen, wenn du die ganze Zeit Geräusche machst.“ „Dein Heft wird nass, wenn die Flasche umkippt.“

Hier läufst du in die Sinnstiftungsfalle: Du versuchst, durch deine Worte und gute Argumente den Sinn der Regel im Kopf des Kindes zu stiften.

Schüler X folgt deiner Anweisung jedoch nicht. Er beginnt zu diskutieren: „Bei Frau XY darf ich das aber!" „Sie sind doch nicht mein Vater!" „Ja, mache ich doch schon, aber ich muss erst noch was trinken. Mein Vater hat gesagt, ich soll zwei Liter am Tag trinken!"

Du machst daraufhin eine deutliche Ansage, in etwa so: „Nimm jetzt die Flasche vom Tisch!" „Beeil dich jetzt!" „Mir ist egal, was du bei Frau XY darfst, das hier ist mein Unterricht!" „Du kennst die Regeln!" „Nein, ich bin nicht dein Vater, aber beeile dich jetzt!"

Durch dein Verhalten hast du deinen Hochstatus eingebüßt: Schüler X entscheidet die ganze Zeit durch sein Verhalten, was passiert. Er führt die Situation. Dadurch ist er im Hochstatus und du gerätst in den Tiefstatus.

Durch dein Bedürfnis, deine Maßnahme zu rechtfertigen bzw. zu erklären (weil du Sinn stiften möchtest), setzt du dich selbst in den Tiefstatus. Du verlierst an Status – auch, wenn du in dieser Situation vielleicht das Gefühl hast, dich gerade groß zu machen. Entscheidend ist aber, wer das *Zepter des Handelns* in der Hand hält – diese Person ist im Hochstatus. Und wenn das Kind dich durch sein Handeln warten lässt, bist du im Tiefstatus.

Bitte denke daran: Im Konfliktfall noch mal den Sinn einer Regel zu erklären, ist nicht hilfreich. Du stärkst dadurch nicht dein Standing. Ganz im Gegenteil: Du verlierst dadurch an Status und Souveränität – erreichst also genau das Gegenteil von dem, was du eigentlich erreichen möchtest.

Es gibt meiner Meinung nach nur zwei Momente, in denen es sinnvoll ist, den Sinn einer Regel zu besprechen:

1. Beim Aufstellen einer Regel.
2. Optional: Wenn der Konfliktmoment vorbei ist und du ihn souverän gelöst hast. Dann kann es sinnvoll sein, anschließend in Ruhe ein Gespräch mit dem betroffenen Kind zu führen.

Bitte denke daran: Hochstatus bedeutet ...

- Souveränität
- Klarheit in der Kommunikation: wissen, was man will.
- kurze und knappe Kommunikation
- klare Körperhaltung

Im Hochstatus bist du die Person, die führt, und nicht die Person, die geführt wird.

Bitte schaue eine Woche lang ganz genau hin: Bist du in die Sinnstiftungsfalle gelaufen? Wenn ja, in welcher / in welchen Situation(en)? Wie kannst du in Zukunft besser agieren?

Spielerischer Widerstand

Nicht alle Widerstände, die die Schülerinnen und Schüler uns entgegenbringen, sind gleich. Wir unterscheiden hier den spielerischen und den provokanten Widerstand. Im Folgenden stelle ich dir beide Arten von Widerständen vor und zeige dir, wie du auf souveräne Weise passend reagieren kannst.

Spielerischer Widerstand

Rund 95 Prozent aller Widerstände sind spielerische Widerstände. Viele beziehen sich darauf, dass Schülerinnen und Schüler eigentlich bekannte Regeln nicht einhalten.

Spielerische Widerstände folgen einem wiederkehrenden Muster: Du stellst eine Anforderung, auf die eine Schülerin oder ein Schüler mit Ablehnung reagiert und dir daraufhin eine Rechtfertigung oder eine Geschichte für ihr/sein Verhalten liefert. Kinder und Jugendliche erklären dir dann, warum es wichtig ist, dass sie das tun, was sie gerade tun.

Beispiel

Anforderung durch Lehrkraft
„Packe bitte die Trinkflasche vom Tisch."

Ablehnung durch Schülerin/Schüler
„Nein.", „Nö.", „Mach´ ich nicht!"

Rechtfertigung/Geschichte der Schülerin/des Schülers
„Bei Frau XY dürfen wir das auch!",
„Mein Vater hat gesagt, ich muss zwei Liter Wasser am Tag trinken!"

Kommt dir das bekannt vor? Bitte nimm dir etwas Zeit und notiere einige typische Situationen aus deinem Arbeitsalltag zu dieser Form des Widerstands durch Schülerinnen und Schüler.

....

....

....

....

....

....

....

....

....

....

Wie hast du in den jeweiligen Situationen reagiert? Was hast du gesagt? Bitte notiere.

....

....

....

....

....

....

....

....

....

....

....

....

....

....

....

....

Bei Frau Müller dürfen wir das aber!

Wenn Kinder und Jugendliche mit Ablehnung auf eine Anforderung reagieren und dazu eine Rechtfertigung liefern, ist es wichtig, dass du als Lehrkraft in diesem Moment nicht in die Sinnstiftungsfalle tappst. Beginne nicht zu erklären, warum es wichtig ist, dass sich die Schülerinnen und Schüler an die Regeln halten. Das senkt deine Souveränität und deinen Status ab.

Wie kannst du souverän auf spielerische Widerstände reagieren?

Für deinen Umgang mit spielerischen Widerständen möchte ich dir folgende Tipps ans Herz legen, sodass es für dich leichter wird:

- Behalte dich bitte unter Kontrolle. Es ist wichtig, dass du in einen souveränen Hochstatus gehst. Sei gerne freundlich, aber bestimmt. Denke daran, den Hochstatus nicht mit *laut werden und massiv sein* zu verwechseln.
- Deine einfache Antwort auf die Begründung des Schülers oder der Schülerin kann sein: „Okay. Mach´s trotzdem." Und das kannst du freundlich, souverän und mit einem Lächeln sagen. Oder auch: „Okay. Ich verstehe dich. Mach´s trotzdem."

Du wirst überrascht sein, wie oft das funktioniert.

Mit *„Okay. Mach´s trotzdem."* erkennst du die vom Kind oder Jugendlichen genannten Argumente wertschätzend an, bleibst aber deiner Linie treu.

„Okay. Mach´s trotzdem." kannst du auch verstehen als die Kurzversion von „Okay, dein Vater kann recht haben *(mit dem Argument des vielen Trinkens)*. Ich wünsche mir in dieser Situation dennoch, dass du die Trinkflasche vom Tisch nimmst."

Oder: „Es ist okay, dass du das bei Frau XY darfst. Ich wünsche es mir in dieser Situation dennoch anders."

Du hältst nicht dagegen und sagst damit nicht, dass das Argument der Schülerin oder des Schülers falsch ist. Du erkennst das Argument an, machst aber deutlich, dass du in dieser Situation ein anderes Handeln wünschst.

Meine Gedanken und Ideen

Wahrscheinlich liegt dir nun schon ein „Ja, aber ..." auf der Zunge – und dir fällt mindestens ein Schüler oder eine Schülerin ein, bei dem oder der das Thema nicht mit „Okay. Mach´s trotzdem." beendet wäre.

Bitte notiere einige typische Situationen und mögliche Antworten von Schülerinnen und Schülern:

....

....

....

....

....

....

....

....

Kinder und Jugendliche, die hier weiter im Widerstand sind, gehen meist in eine Wiederholungsschleife ihres Argumentes. Zum Beispiel: „Aber mein Vater hat doch gesagt, dass …“ oder „Aber Frau XY hat doch erlaubt, dass …“ – und du hörst erneut die gleiche Geschichte mit der gleichen Rechtfertigung und Begründung.

Achtung: Tappe jetzt bitte nicht im zweiten Anlauf in die Sinnstiftungsfalle!

Bleibe bei deiner Linie und wiederhole: „Okay. Ich verstehe dich. Mach´s trotzdem.“

Eventuell drehst du diese Schleife ein paar Mal, bis dann die Trinkflasche vom Tisch genommen wird …

Du wirst überrascht sein, was das freundliche Beharren und das Sich-nicht-verwickeln-Lassen für deine souveräne Ausstrahlung und für deinen Hochstatus tut und welchen Effekt das auf all deine Schülerinnen und Schüler hat.

„Okay. Mach´s trotzdem.“ muss nicht der Satz deiner Wahl sein – nutze bitte eine Formulierung, die für dich authentisch ist.

Spielerischer Widerstand ist ein Test
Beim spielerischen Widerstand geht es nicht um dich persönlich. Es geht einfach nur um die Art und Weise des Widerstandes. Es ist ein Test. Die Schülerin oder der Schüler möchte sich in solchen Momenten behaupten und sich und dich testen.

Meine Gedanken und Ideen

Nimm dir bitte Zeit und achte in der kommenden Woche bei deiner Arbeit ganz besonders auf diese spielerischen Widerstände und begegne ihnen wie beschrieben.

Beschreibe bitte jeweils kurz die Situation sowie:

- **Welche Worte hast du gewählt?**
- **Wie hat das jeweilige Kind oder der/die Jugendliche reagiert?**
- **Wie hat es sich für dich angefühlt? (Hat es sich mit mehrfacher Wiederholung besser angefühlt?)**
- **Hast du Effekte auf die gesamte Gruppe bemerkt?**

Provokanter Widerstand

95 Prozent der Widerstände, die dir begegnen, sind spielerische Widerstände. Bleiben noch 5 Prozent übrig – und das sind die provokanten Widerstände. Aber wie erkennst du einen provokanten Widerstand?

Nehmen wir wieder unser Beispiel von dem Kind oder Jugendlichen, das seine Trinkflasche vom Tisch nehmen soll. Die Schülerin oder der Schüler reagiert wieder mit Ablehnung, aber diese Ablehnung ist nun etwas spezieller:

Beispiel

Anforderung durch Lehrkraft

„Packe bitte die Trinkflasche vom Tisch."

Ablehnung durch Schülerin/Schüler

nonverbal:
- Arme verschränken, Kopf runternehmen, Gesicht verziehen, unter den Tisch flüchten, Arme und Kopf auf den Tisch legen (…)

Wut:
- Gegenstände werfen, gegen Tisch- und Stuhlbeine treten, Unterlagen vom Tisch werfen, Mittelfinger zeigen (…)

Provokation:
- Erst recht ganz langsam den Gegenstand nehmen und damit etwas machen, dabei der Lehrkraft ganz tief und provokant in die Augen schauen, dann den Gegenstand wieder zurückstellen.

Ggf. auch verbale, provokante Antwort.

Kennzeichnend für den provokanten Widerstand ist, dass nach dem Widerstand **nichts** mehr von den Kindern bzw. Jugendlichen kommt (keine Begründung, keine Geschichte, keine Rechtfertigung …).

Bitte nimm dir kurz Zeit und notiere einige Situationen, in denen du mit provokantem Widerstand konfrontiert warst. Bitte schildere die Situation genau. Wie hast du in der jeweiligen Situation reagiert? Wie hast du dich gefühlt?

Gab es ggf. Emotionen wie Wut oder das Gefühl von Machtverlust auf deiner Seite?

....

....

....

....

....

....

....

....

....

....

....

....

....

....

....

....

....

....

....

....

Provokanter Widerstand ist persönlich

Beim provokanten Widerstand geht es der Schülerin oder dem Schüler um dich ganz persönlich – und da ist guter Rat oft teuer! Einen Vorschlag, wie du reagieren kannst, stelle ich dir gleich vor.

Beim provokanten Widerstand stehst du aber auf jeden Fall vor einer Entscheidung:

Beziehung oder Durchsetzen?

Gehen Kinder und Jugendliche in den provokanten Widerstand, musst du entscheiden, was dir in dieser Situation wichtiger ist: das Durchsetzen einer bestimmten Sache (das Erreichen eines bestimmten Ergebnisses) oder die Beziehungsebene zum Kind oder Jugendlichen. Beide Herangehensweisen haben ihre Berechtigung – auch in einen Machtkampf zu gehen, kann in bestimmten Situationen okay oder notwendig sein.

Bitte schaue dir noch einmal die eben aufgeschriebenen Situationen an, in denen eine Schülerin oder ein Schüler in den provokanten Widerstand gegangen ist. Bitte reflektiere nun besonders deine Reaktionen.

Worauf hast du mit einer Reaktion abgezielt? Auf das Durchsetzen eines bestimmten Ergebnisses oder auf die Beziehungsebene zum Kind bzw. Jugendlichen?

Hast du instinktiv reagiert oder konntest du in der Situation reflektieren und bewusst entscheiden und handeln?

Der Machtkampf

Auf eine Provokation eines Schülers oder einer Schülerin als Lehrkraft mit einer Provokation zu reagieren und in den Machtkampf zu gehen, kann in gewissen Situationen seine Berechtigung haben. Für Machtkämpfe möchte ich dir aber gerne eine einfache Regel ans Herz legen:

Gehe nie in einen Machtkampf, wenn du dir nicht zu 100 Prozent sicher bist, dass du diesen Machtkampf innerhalb von wenigen Sekunden gewinnst.

Nimm dir nun bitte etwas Zeit und erinnere dich an Machtkämpfe mit Schülerinnen und Schülern, die du in der Vergangenheit ausgetragen hast.

- **Skizziere grob: Worum ging es?**
- **Was hast du getan, um den Machtkampf zu gewinnen? Hast du innerhalb weniger Sekunden gewonnen? Wenn nein, wie ging es weiter?**
- **Hast du danach Auswirkungen auf die Beziehungsebene zum Schüler oder zur Schülerin wahrgenommen?**

Beziehung und Kontrolle statt Machtkampf

Auf eine Provokation mit einer Provokation zu reagieren und in den Machtkampf zu gehen, kann manchmal seine Berechtigung haben. Ich möchte dir aber zeigen, wie du smarter reagieren und die Kontrolle behalten kannst. Mit einem Machtkampf setzt du meiner Meinung nach alles aufs Spiel und kannst alles verlieren. Du riskierst die Beziehungsebene und damit den gesamten gemeinsamen Prozess mit der Schülerin oder dem Schüler.

Beim Umgang mit provokanten Widerständen steht für mich in den meisten Fällen das Erhalten der Beziehungsebene zum Kind oder Jugendlichen im Vordergrund. Und das fühlt sich dann an der einen oder anderen Stelle für einen selbst wie verlieren an. Für das besprochene Beispiel kann das bedeuten, dass die Trinkflasche des Kindes am Ende auf dem Tisch stehen bleibt – aber das ist dann okay!

Ich glaube, dass es nicht schlimm ist, wenn ein Schüler oder eine Schülerin mit uns in den Widerstand geht. Schlimm ist es aus meiner Sicht erst, wenn man als Lehrkraft das Gefühl hat, jetzt nichts mehr sagen zu können oder die Kontrolle zu verlieren.

Deswegen möchte ich dir vorschlagen, in Situationen mit provokantem Widerstand auf den Erhalt der Kontrolle statt auf den Machtkampf zu setzen.

Meine Erfahrungen und Ideen

Im Folgenden zeige ich dir einen Lösungsvorschlag in drei Schritten. Du kannst die einzelnen Schritte nacheinander anwenden (es ist kein entweder/oder).

Schritt 1: Testlauf starten

Du startest einen Testlauf und machst all das, was du auch bei einem spielerischen Widerstand tun würdest. Leitsatz: „Okay. Mach´s trotzdem."
Dies kannst du zwei-, dreimal wiederholen.

Warum dieser Testlauf?

Es gibt Schülerinnen und Schüler, die bereits in jungen Jahren und in einem oft schwierigen sozialen Umfeld lernen mussten, dass sie sich stark behaupten müssen, weil sie sonst übersehen werden. Diese Kinder und Jugendlichen reagieren schnell mit einem Verhalten, das typisch für den provokantem Widerstand ist. Eigentlich ist der Widerstand dieser Kinder und Jugendlichen aber spielerisch.

Mit dem Testlauf baust du diesen Schülerinnen und Schülern eine Brücke hinaus aus der Situation.

Meine Gedanken und Ideen

Schritt 2: Zeitspiel beginnen

Funktioniert der Testlauf nicht, beginnst du das Zeitspiel. Hiermit räumst du der Schülerin oder dem Schüler Zeit ein: „Weißt du was, ich frage dich gleich noch mal."
Dann drehst du dich kurz um, wendest dich nach zwei Sekunden wieder dem Kind/Jugendlichen zu, lächelst stark und fragst etwas schelmisch: „Und wie sieht´s jetzt aus?"

Das Zeitspiel beinhaltet mehrere wirksame Faktoren:

- Es ist eine große Irritation für die Schülerin oder den Schüler. Irritationen gehören zu den größten Hebeln in der Deeskalation.
- Dein Lächeln, dieser positive Moment, überträgt sich auf das Kind bzw. den Jugendlichen.
- Du arbeitest mit Humor. Meiner Meinung nach ist Humor ein wahrer Alleskönner bei der Deeskalation.

Meine Gedanken und Ideen

Schritt 3: Vertagen

Wenn all die Maßnahmen bis hierhin nicht funktioniert haben, dann greife auf das Vertagen zurück. Zugegeben – Vertagen fühlt sich ein bisschen wie verlieren an.
Du vertagst, indem du sagst: „Weißt du was, lass (… z. B. die Trinkflasche stehen). Ich entscheide mich dafür, mich heute nicht mit dir zu streiten, weil du XYZ gemacht hast. Wir sprechen nach der Stunde darüber."
Oder: „… du hast dich dafür entschieden, die Trinkflasche nicht wegzuräumen. Dann entscheide ich mich dafür, heute nicht mit dir darüber zu streiten. Wir sprechen nach der Stunde darüber."
Ja – in diesem Moment setzt du dich nicht durch, und ja – in diesem Moment büßt du etwas Autorität ein. Als nächste Maßnahme bliebe dir aber nur der Machtkampf, von dem du auch nicht sicher wüsstest, ob du ihn gewinnen würdest.

Bleibe lieber cool und stecke etwas zurück, behalte damit aber die Kontrolle, Führung und Souveränität. Vertagst du, bist du die Person, die entscheidet, was als Nächstes passiert.

Das Gespräch danach

Das Verhalten des Schülers oder der Schülerin ist Ausdruck eines Mangels.

Diesem Kind oder Jugendlichen fehlt es an irgendetwas auf seiner Bedürfnisebene, sonst würde es mit dir nicht in den Widerstand gehen.

Meiner Erfahrung nach kommen daher viele Schülerinnen und Schüler auf das Gesprächsangebot nach Stundenende zurück.

Meine Gedanken und Ideen

Bitte probiere in der nächsten Zeit die hier vorgestellten Maßnahmen zum Umgang mit spielerischen und provokanten Widerständen aus und übe dich darin. Nur so können sie dir in Fleisch und Blut übergehen.

Wie hast du dich dabei gefühlt? Hast du Veränderungen bei dir oder bei den Schülerinnen und Schülern bemerkt? Welche Lerneffekte nimmst du mit?

Gute Flipperspieler – auf mehrere Konflikte gleichzeitig reagieren

Ein Konflikt kommt selten allein – was kannst du also tun, wenn du gleich mehrere Konflikte in einer Gruppe hast?

Hierzu möchte ich dir gerne zwei Impulse mitgeben. Du kannst dir hierzu gerne Mindmaps, Skizzen oder Ähnliches anlegen.

Impuls 1

Bitte schaue, dass du das Auftreten von mehreren Konflikten gleichzeitig durch gute Beziehungsarbeit, dein Standing in der Klasse, ein klares Regel- und Konsequenzenkonstrukt usw. von vornherein möglichst verhinderst. Wir wollen ja nicht nur immer auf die Krisen und Konflikte reagieren, die schon da sind. Bitte denke vor allem an die präventive Arbeit.

Meine Gedanken und Ideen

Impuls 2

Kümmere dich nicht um alle Konflikte gleichzeitig. Das ist quasi unmöglich. Kümmere dich bitte um einen Brandherd und löse hier souverän das Problem. Dann wende dich dem nächsten zu. Ein Konflikt nach dem anderen – auch, wenn es Zeit kostet.

Meine Gedanken und Ideen

Bitte nimm dir etwas Zeit und notiere detailliert: Mit welchen Strafen und/oder Konsequenzen arbeitest du (welche verwendest du am häufigsten)? Wie sieht dein System aus?

Bist du mit den Ergebnissen, die du mit deinen Systemen erzielst, zufrieden? Was läuft gut? Was funktioniert nur wenig oder gar nicht? Was könnte besser laufen?

Straf- und Belohnungssysteme

Ich bin kein Fan von Bestrafungen oder Strafarbeiten wie zum Beispiel Schreibaufgaben. Oft führen sie auch langfristig nicht zu dem Ergebnis, das man sich als Lehrkraft wünscht. Woran liegt das?

Strafe und Verhalten stehen oft in gar keinem oder keinem sinnvollen inhaltlichen Zusammenhang miteinander. Dies ist zum Beispiel in folgender Situation der Fall: Kind X wirft seinen Müll nicht in den Mülleimer, sondern ins Gebüsch. Als Strafe gibt es eine Schreibaufgabe zum Thema „Warum man Müll nicht in die Natur wirft".

Willkürliche Bestrafungen führen in der Regel zu keiner Verhaltensänderung. Zum Lernen brauchen Kinder und Jugendliche Konsequenzen, und diese müssen sich von Strafen abheben. Ein reines Strafen-System sorgt nur für Frust, denn es belohnt ja nicht. Die oben genannte Schreibaufgabe sorgt beim Schüler X eben nur für Frust und führt damit wahrscheinlich langfristig nicht zur Verhaltensänderung.

Wie sieht es mit Belohnungssystemen aus?

Grundsätzlich ist es natürlich nicht verkehrt, Kinder und Jugendliche dafür zu belohnen, wenn sie etwas gut gemacht haben.

Es gibt aber einen Nachteil von Belohnungssystemen: Das gewünschte Verhalten wird von den Schülerinnen und Schülern oft nur gezeigt, um die Belohnung zu bekommen. Fällt dann (warum auch immer) die Belohnung weg, gibt es keinen Grund mehr, das gewünschte Verhalten weiter zu zeigen.

Meine Gedanken und Ideen

Ich bin kein großer Fan von Belohnungs- und Bestrafungssystemen, wie sie in manchen Schulen eingesetzt werden. Es ist aber vollkommen okay, wenn du sie verwendest, weil es für dich und deine Schule funktioniert. Aber vielleicht kannst du hier ein bisschen Input mitnehmen, um an der einen oder anderen Stellschraube zu drehen.

Konsequenzen

Strafen sorgen also für Frust und haben nur wenig Lerneffekte und bei Belohnungssystemen besteht die Gefahr, dass das gewünschte Verhalten nur der Belohnung wegen gezeigt wird (und entsprechend schnell endet, wenn es die Belohnung nicht gibt).

Meiner Erfahrung nach sind Konsequenzen, die direkt mit der Regel bzw. dem Regelbruch verknüpft sind, sinnvoller und haben einen nachhaltigeren Lerneffekt für die Schülerinnen und Schüler.

Aber was macht denn gute Konsequenzen aus?

Bitte nimm dir kurz Zeit und notiere, bevor du weiterliest, was aus deiner Sicht gute Konsequenzen ausmachen.

....

....

....

....

Meiner Meinung nach haben gute Konsequenzen folgende Kriterien:

1. Konsequenzen müssen bekannt sein – eigentlich logisch, aber in der Praxis geht das manchmal schnell verloren. Ich empfehle, die Konsequenzen direkt mit zu erarbeiten, wenn die Klassenregeln aufgestellt werden.

2. Konsequenzen müssen einen logischen und direkten Zusammenhang mit dem haben, was gerade passiert ist.
   Ein direkter Zusammenhang ist zum Beispiel, dass ein Kind, das seinen Müll statt in den Mülleimer im Klassenraum danebengeworfen hat, den Klassenraum sauber machen muss (und nicht: Schreibaufgabe, warum man Müll in den Mülleimer werfen muss).

3. Die Schülerin bzw. der Schüler, die/der eine Konsequenz erfährt, muss ins Handeln kommen und etwas tun. Vielleicht das aus Kriterium Nr 4.

4. Eine Konsequenz muss empathisches Lernen möglich machen, und das geht am besten über eine Wiedergutmachung. Das heißt, die Schülerin oder der Schüler sollte sich um die Person kümmern bzw. etwas für die Person tun, der es Schaden zugefügt hat.

5. Die Konsequenz erfolgt zeitnah, damit eine Verknüpfung zwischen Verhalten und Konsequenz im Gehirn entstehen kann. Das zeitnahe Umsetzen der Konsequenzen ist die größte Herausforderung im Kontext Schule.

Bitte prüfe die Konsequenzen, die du bereits einsetzt, anhand dieser Kriterien. Was läuft schon gut, was möchtest du in Zukunft eventuell anders machen?

Zeit als Wiedergutmachung

Drei der Kriterien für gute Konsequenzen kannst du über die Wiedergutmachung mit dem Faktor Zeit erreichen: Jede Unterrichtsstörung bzw. deren Klärung kostet per se erst mal Zeit. Diese Zeit kann der Schüler oder die Schülerin, der/die für den Zeitverlust gesorgt hat, dir oder der Klasse zurückgeben.

Beispiel:

Du diskutierst fünf Minuten lang mit Schülerin X, weil sie den Unterricht gestört hat. Diese Zeit holst du dir von der Schülerin zurück: „Ich habe gerade fünf Minuten damit verbracht, das mit dir zu klären. Diese fünf Minuten bekomme ich / bekommt die Klasse von dir zurück." Denke bitte daran: Erkläre deine Gedanken dahinter – und der Ton macht die Musik.

Für die praktische Umsetzung wähle bitte Handlungen und Formulierungen, die zu dir passen. Hier nur eine Idee: Wenn du jeden Tag fünf Minuten vor oder nach dem Unterricht den Klassenraum vorbereitest oder aufräumst, kann die Schülerin oder der Schüler dir deine verlorene Zeit wieder zurückgeben, indem sie oder er dir dabei hilft.

Wiedergutmachung von verlorener Zeit ist DIE Konsequenz

Ich werde häufig gefragt, was eine gute Konsequenz für Verhalten X, Y oder Z ist. In den meisten Fällen ist die Wiedergutmachung von verlorener Zeit optimal einsetzbar, wenn man sich in dieses Konzept eingedacht hat.

Die Wiedergutmachung von verlorener Zeit funktioniert sogar indirekt: Wenn Schülerinnen und Schüler zum Beispiel die Toiletten verdreckt oder beschmiert haben, kann aufgrund der zu verwendenden scharfen Reinigungsmittel manchmal nicht die Konsequenz sein, dass die Kinder oder Jugendlichen die Toiletten selbst wieder sauber machen.

Aber: Jemand (Hausmeister, Reinigungskraft) hat für die Reinigung der Toiletten Zeit aufgewendet. Und genau für diese Menschen können die Schülerinnen und Schüler eine Wiedergutmachung über Zeit leisten.

Notiere dir gerne einige Ideen, wie du dir oder deiner Klasse Zeit zurückgeben lassen kannst.

So kann ich mir Zeit zurückgeben lassen:	So kann ich der Klasse Zeit zurückgeben lassen:

Konsequenzen haben ein Ablaufdatum

Konsequenzen sollten zügig erfolgen. Es gibt nur ein gewisses Zeitfenster, in dem das Gehirn von Kindern und Jugendlichen die Konsequenz mit der eigentlichen Tat in Verbindung bringt und so ein Lerneffekt erzielt werden kann.

Formel zur Berechnung des Zeitraums:

Alter der Schülerin / des Schülers x 2 in Minuten.

Beispiel: Bei einem 6-jährigen Kind hast du 12 Minuten Zeit für eine sinnvolle Konsequenz mit Lerneffekt. Nach 12 Minuten sinkt die Wahrscheinlichkeit gen null, dass ein Lerneffekt erzielt werden kann.

Achtung: Das Zeitfenster gilt für das Durchführen der Konsequenzen, nicht für die Ankündigung, dass es eine Konsequenz geben wird!

Bitte betrachte die in deiner Arbeit typischerweise vorkommenden Zeitfenster zwischen dem Fehlverhalten und der Konsequenz. Finden die Konsequenzen im passenden Zeitfenster für einen guten Lerneffekt statt? Wo kannst du nachbessern? Worauf möchtest du in Zukunft achten?

Hand aufs Herz: Wenn Klassenregeln aufgestellt werden, hast du ein eigenes Wunschprogramm im Kopf? Nimmst du – direkt oder indirekt – Einfluss auf die Schülerinnen und Schüler? Oder gibst du die Klassenregeln gleich vor?

....

....

....

....

....

....

....

....

....

....

....

....

....

Regeln, die wirken

Warum funktionieren eigentlich Regelwerke in der Klasse oder in der Schule oft nicht gut? Ich glaube, das hat etwas mit der allgemeinen Akzeptanz der Regeln unter den Kindern und Jugendlichen zu tun und mit dem, was man sich als Lehrkraft wünscht. Denn beim Aufstellen von Klassenregeln passiert es schnell, dass die Schülerinnen und Schüler das formulieren, was wir Erwachsenen gerne hören wollen. Schnell nimmt man als Lehrkraft direkt oder indirekt Einfluss darauf, welche Klassenregeln es denn geben sollte. So haben sich die Kinder und Jugendlichen aber nicht die Regeln für ihre Zusammenarbeit selbst gegeben.

Meiner Erfahrung nach finden Regeln dann Akzeptanz, wenn die Schülerinnen und Schüler für ihr Miteinander die Regeln definieren, ohne dass von Erwachsenenseite aus direkt Einfluss genommen wird. Wie kann das in der Praxis gelingen?

Meine Idee: Sprich ein paar Stunden vor dem Aufstellen von Klassenregeln mit den Schülerinnen und Schülern über das Thema Regeln allgemein sowie über die Funktion von Regeln.

- Wofür sind Regeln gut?
- Warum muss man Regeln einhalten?
- Geben Regeln Sicherheit, geben sie einen Rahmen?

Dass die Schülerinnen und Schüler diese Inhalte verstehen und verinnerlichen, ist ganz entscheidend. Und dann versuche bitte, die Kinder und Jugendlichen so abzuholen, dass sie ihre eigenen Ideen formulieren und nicht das, was du gerne hättest.

Am besten funktionieren Regeln dann, wenn direkt bei ihrem Aufstellen auch die damit verknüpften Konsequenzen festgelegt werden. Ich empfehle dir, Regeln und Konsequenzen gleichberechtigt zu behandeln, sodass jede Schülerin und jeder Schüler genau weiß, was als Konsequenz passiert, wenn Regel X nicht eingehalten wird.

Meine Gedanken und Ideen

Mein Tipp

Nehmt euch mit dem gesamten Kollegium Zeit und entwickelt gemeinsam ein Konzept, wie ihr ganz konkret mit Regeln umgehen wollt.

Wie wollt ihr die Regeln Tag für Tag leben? Wie wollt ihr sie Kindern und Jugendlichen kommunizieren und wie wollt ihr die Regeln umsetzen? Wie sollen Konsequenzen kommuniziert und umgesetzt werden?

Es geht nicht darum, eine Regel einfach nur aufzustellen. Viel wichtiger ist mir: Wie erweckt ihr die Regel in eurer Schule zum Leben? Wie haltet ihr sie dauerhaft lebendig, sodass sie für alle präsent ist?

Ich wünsche mir für euch, dass es an eurer Schule nicht heißt: „In meinem Unterricht gelten folgende Regeln …", sondern: „An unserer Schule gelten folgende Regeln … und die Konsequenzen sind …"

Regeln und Strukturen einzuführen und dauerhaft umzusetzen, kostet Zeit. Bitte nehmt sie euch. Das ist zwar eine höhere Anfangsinvestition, aber sie zahlt sich langfristig aus. Langfristig kommt es zu weniger Konflikten und Missverständnissen und zu weniger Situationen, in denen es von Kinderseite aus heißt: „Das habe ich nicht gewusst!"

So wird die Struktur an eurer Schule für alle verlässlich und planbar.

Das Konsequenzenplakat

An dieser Stelle möchte ich gerne noch einen Lifehack mit dir teilen: Erstelle doch mal kein Regelplakat mit deinen Schülerinnen und Schülern, sondern ein Konsequenzenplakat. Und das kann so gehen:

Bringe ein Plakat mit in den Unterricht, auf dem die Regeln stehen, die dir besonders wichtig sind. Es ist meiner Meinung nach nämlich vollkommen in Ordnung, wenn du den Schülerinnen und Schülern über deine Regeln einen Lernrahmen gibst.

Anstatt nun mit den Kindern und Jugendlichen die Regeln zu diskutieren, erarbeitet ihr gemeinsam ein Konsequenzenplakat.

Leitsätze:

- Wie wollen wir alle damit umgehen, wenn sich nicht an Regeln gehalten wird?
- Wie wollen wir damit umgehen, wenn alles gut läuft?

Der Effekt ist, dass du so viel mehr Verständnis für Regeln und Konsequenzen bei den Schülerinnen und Schülern schaffst. Du erhältst Akzeptanz für die gemeinsam festgelegten Konsequenzen und du beugst vor, dass du in Konfliktmomenten schnell Konsequenzen aus dem Ärmel schütteln musst. Denn es wurde ja schon vorher definiert, was wann passiert.

Du wirst erstaunt sein, welche Vorschläge von den Schülerinnen und Schülern kommen. Aber Achtung: Wir Pädagoginnen und Pädagogen müssen dann darauf achten, dass wir über Konsequenzen reden und nicht über Strafen. Strafen sind kein legitimes Mittel!

… übrigens auch nicht solche Strafen, die als Konsequenzen getarnt daherkommen: Damit meine ich zum Beispiel Schreibaufgaben, in denen die Kinder reflektieren sollen, warum ihr Verhalten nicht richtig war. Prüfe bestenfalls immer anhand der Kriterien für gute Konsequenzen, die wir ein paar Seiten zuvor thematisiert haben, ob gerade über eine Konsequenz oder über eine Strafe gesprochen wird.

Meiner Meinung nach ist das Sprechen über Konsequenzen in der Klasse viel wertvoller als das Erstellen eines Regelplakates.

Reminder: Konsequenzen ja, Strafen nein! Achte bitte auf den Unterschied.

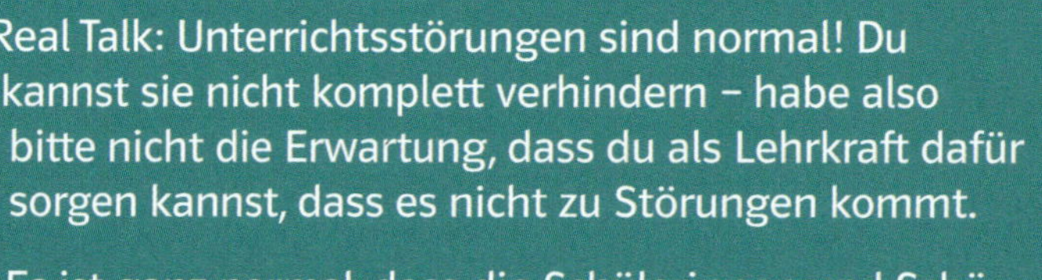

Die Ursachen für Unterrichtsstörungen sind vielfältig – angefangen bei den verschiedenen Charakteren der Schülerinnen und Schüler über ihr Elternhaus bis hin zu Institution Schule selbst.

Aus meiner Sicht gibt es aber eine Hauptursache für Unterrichtsstörungen. Und das bist du selbst als Lehrkraft.

Warum ich diese Meinung vertrete? Weil du als Lehrkraft ungefähr 90 Prozent des Redeanteils hast und daher im Vorfeld sehr viel dafür tun kannst, dass es erst gar nicht zu Störungen kommt. Du hast also vieles selbst in der Hand.

Hand aufs Herz: Erinnerst du einige Situationen, in denen du als Lehrkraft Unterrichtsstörungen selbst ausgelöst hast? Notiere hier die Situationen, die dir noch im Gedächtnis sind.

Unterrichtsstörungen minimieren

Erwartungen kommunizieren

Kläre im Vorfeld die Erwartungen, die du an deine Schülerinnen und Schüler hast, mit den Kindern und Jugendlichen. Was für dich vielleicht logisch ist („Das müssten die doch wissen, dass …"), ist für die Schülerinnen und Schüler vielleicht gar nicht so deutlich geworden.

Schaue bitte in der kommenden Woche darauf, deine Erwartungen an die Schülerinnen und Schüler deutlich zu kommunizieren und nicht als selbstverständlich vorauszusetzen. Was hast du beobachtet? Hat sich etwas verändert (sowohl im Verhalten der Schülerinnen und Schülern wie auch bei dir)?

....

....

....

....

....

....

....

Spannenden Unterricht gestalten

Bitte nimm dir kurz Zeit und überlege: Wärst du eigentlich gerne bei dir selbst Schülerin oder Schüler? Ist dein Unterricht spannend, abwechslungsreich und motivierend? Was ist gut, was könnte besser sein?

....

....

....

....

....

....

....

....

Meine Bitte an dich: Plane deinen Unterricht so, dass er spannend, abwechslungsreich, überraschend und motivierend ist. Verwende verschiedene Methoden, denke an den Realitätsbezug usw. Schaffe einen Unterricht, in dem die Schülerinnen und Schüler gerne mitarbeiten, sodass es dadurch zu weniger Unterrichtsstörungen kommt. Denke auch daran, Arbeitsanweisungen klar zu formulieren.

Dein Standing in der Klasse

Unterrichtsstörungen treten deutlich seltener bei Lehrkräften auf, die ein entsprechendes Standing in der Klasse haben. Daher lohnt sich der Blick darauf.

Wie ist es um dein Standing in der Klasse bestellt?

....

....

....

....

....

....

....

....

....

....

....

Was hilft, wenn es zu Unterrichtsstörungen kommt

Bei Unterrichtsstörungen gibt es kein Patentrezept. Aber ich möchte dir ein paar Ideen vorstellen, wie es in Zukunft für dich leichter gehen kann:

- Bitte ignoriere Störungen nicht. Sei präsent. Sonst lernen die Schülerinnen und Schüler, dass es nicht stört und sie weitermachen können.
- Viele Lehrkräfte haben die Befürchtung, dass sie dann nur noch mit dem Reagieren auf Störungen beschäftigt sind. Mein Tipp: Bitte denke daran, dass reagieren auch schon ein Blick oder eine Geste sein kann. Es geht nur darum, dass die Störungen nicht unbemerkt bleiben. Es sind nicht immer Worte nötig.
- Bitte probiere nicht sprunghaft verschiedene Maßnahmen aus: mal konsequent, mal nicht konsequent, mal Strafarbeit, mal mehr Hausaufgaben, mal die Kinder auseinandersetzen etc. Versuche, in dein Handeln eine rote Linie reinzubringen.
- Achte auf die räumliche Entfernung zum störenden Kind (Thema Nähe und Distanz): Bist du zu weit weg, wirkt es auf die Schülerinnen und Schüler eventuell so, als ob dir die Störung nicht so wichtig ist. Bist du zu nah dran, wirkt das eventuell bedrohlich. Dann kann es passieren, dass aus einer Mücke ein Elefant wird.
- Schenke einer Unterrichtsstörung nicht unnötig viel Zeit. Halte den Aufwand klein und mache das Problem nicht größer, als es ist. Sonst gibst du dem Schüler oder der Schülerin für sein/ihr Fehlverhalten unnötig viel Aufmerksamkeit. Das birgt die Gefahr, dass sich die Kinder bzw. Jugendlichen dann über diesen Weg Beziehung zu dir holen.

Bitte achte in der kommenden Woche ganz gezielt darauf, die oben genannten Tipps bei Unterrichtsstörungen umzusetzen. Was fiel dir leicht, was schwer? Welche Effekte hast du an dir und an deinen Schülerinnen und Schülern beobachtet?

....

....

....

....

....

....

....

....

....

....

Eine Unterrichtsstörung kommt selten allein

Im Schulalltag kommt eine Unterrichtsstörung selten allein – oft hat sie noch ein paar weitere Unterrichtsstörungen im Gepäck. Wie kannst du mit Situationen umgehen, in denen dich gleich mehrere Störungen gleichzeitig fordern und du dich eigentlich sofort um alle kümmern müsstest?

Bitte nimm dir etwas Zeit und notiere, wie du aktuell agierst, wenn mehrere Unterrichtsstörungen gleichzeitig auftreten.

....

....

....

....

....

....

....

....

....

....

Meinen Tipp für dich möchte ich gerne in eine Metapher verpacken: Hast du schon mal an einem Flipperautomaten gespielt?

Was die wenigsten über diese Automaten wissen: Der Flipperautomat bestraft quasi dafür, wenn man gut in dem Spiel ist. Das heißt: Wenn du gut im Flippern bist, wirft dir der Automat immer mehr Bälle ins Spielfeld. Viele versuchen dann, alle Bälle im Spiel zu halten und mit allen Bällen Punkte zu machen. Und dann wird es stressig und hektisch und am Ende kann man nur verlieren.

Wenn du mit mehreren Unterrichtsstörungen konfrontiert bist, denke gerne an den Flipperautomaten. Bliebe souverän und lasse – symbolisch gesprochen – alle Bälle bis auf einen aus dem Spielfeld fallen. Konzentriere dich lieber auf einen Ball und mache mit diesem Punkte.

Auf Unterrichtsstörungen gemünzt bedeutet dies, dass du dich bitte nur auf eine Störung fokussierst. Habe bitte nicht den Anspruch an dich, dass du auf alle X Unterrichtsstörungen gleichzeitig und gleichermaßen gut und schnell reagieren musst. Das kann niemand!

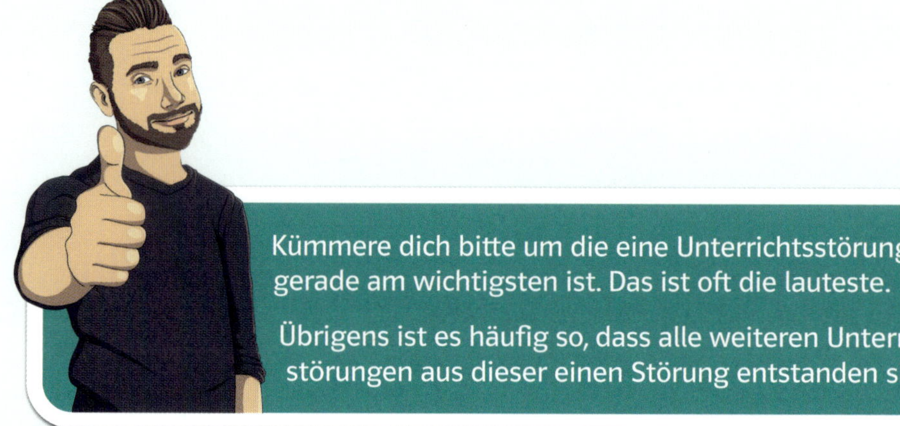

Jede Schülerin und jeder Schüler ist natürlich eine eigene, individuelle Persönlichkeit. Man kann Menschen jedoch grob in verschiedene Persönlichkeitstypen einteilen, die ich dir im Folgenden gerne in einer speziell auf Kinder und Jugendliche zugeschnittenen Version vorstellen möchte. Meine Darstellung der Kindertypen ist überspitzt und eine Art Übersetzung mit ganz viel Augenzwinkern. In der Realität sind wir Menschen alle einzigartig, aber eben irgendwie aus diesen Charaktereigenschaften zusammengesetzt, die sich ganz grob in ein Raster packen lassen. Die folgende Darstellung soll dir als Arbeitserleichterung und Denkhilfe dienen. Bitte beachte aber, dass es immer Schülerinnen und Schüler gibt, auf die solche Raster nicht anwendbar sind.

Ich hoffe, dass dir die einprägsamen Beschreibungen helfen, Schülerinnen und Schüler schneller einschätzen und vor allem daraus ableiten zu können, wie du deine Kommunikation gezielt darauf anpassen kannst. Und vielleicht findest du dich ja auch in der einen oder anderen Beschreibung wieder.

Wir Menschen fühlen uns in Routinen wohl – denke nur zum Beispiel an deine Morgenroutine vor der Arbeit. Für Kinder und Jugendliche sind Routinen enorm wichtig, besonders natürlich positive Routinen. Werden diese positiven Routinen (warum auch immer) unterbrochen, lassen die Reaktionen der Kinder und Jugendlichen und ihr Umgang mit Veränderung oder Frust einige Rückschlüsse auf die Persönlichkeit zu.

Wenn du weißt, welche Persönlichkeitstypen du in deiner Klasse findest, kannst du auch in Krisensituationen, bei Provokationen und Widerständen viel besser auf die verschiedenen Kinder und Jugendlichen eingehen. Du kannst zum Beispiel schon im Vorfeld deeskalieren oder die richtigen Dinge sagen, damit sich die Schülerinnen und Schüler angesprochen fühlen.

Bitte denke daran, dass ich hier eine grobe Einteilung vornehme und lies den einen oder anderen Satz gerne mit einem Augenzwinkern …

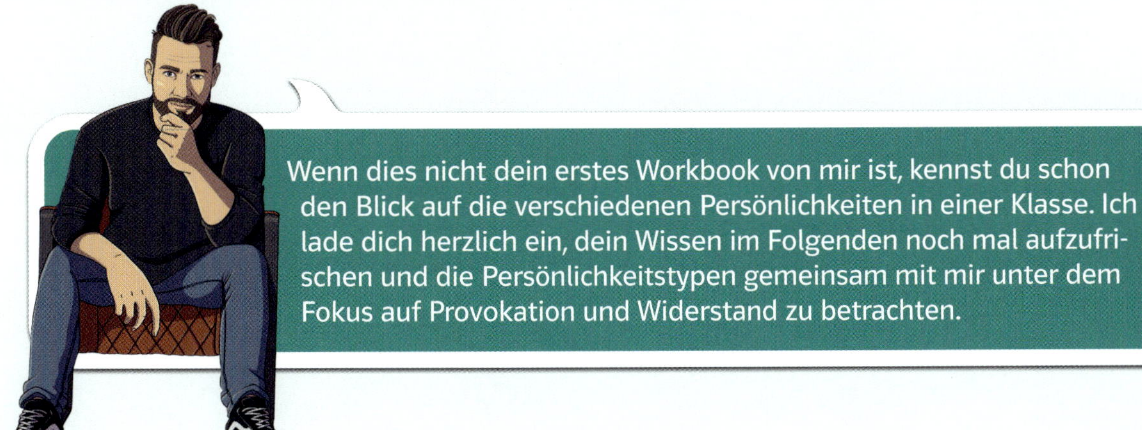

Leader-Kinder

Leader-Kinder sind wetteifernd, zielstrebig und sie haben einen genauen Plan davon, was sie wollen. Leader-Kinder haben eine genaue Vorstellung von sich, ihren Talenten und wie sie von außen wahrgenommen werden bzw. wahrgenommen werden wollen (das bedeutet aber nicht, dass das immer der Realität entspricht).

Diese Kinder und Jugendlichen sind schlau, aber nicht unbedingt die besten Schülerinnen und Schüler. Sie konfrontieren dich als Lehrkraft vielleicht mit Fragen wie: „Wofür brauche ich das eigentlich?"

Werden Leader-Kinder mit einer (negativen) Veränderung konfrontiert, ist ihre erste Reaktion oft, nach der schuldigen Person zu suchen bzw. herauszufinden, wer dafür die Verantwortung trägt. Als Lehrkraft hörst du vielleicht Sätze wie „Aber Sie haben doch gesagt, dass …" oder „Sie haben versprochen, dass …".

Leader-Kinder sind schnell in einer ersten negativen Reaktion. Sie können aber auch blitzschnell umschalten und sich danach (wenn du als Lehrkraft eine passende Antwort gegeben hast) anderen Themen zuwenden.

Dieses blitzschnelle Umswitchen ist eine enorme Ressource der Leader-Kinder. Denn während andere Schülerinnen und Schüler vielleicht noch gedanklich in der negativen Veränderung festhängen, wenden sich Leader-Kinder schon den neuen Gegebenheiten zu und gestalten diese dann oft nach ihren Vorstellungen.

Leader-Kinder sind oft sehr sympathisch. Diesen Kindern und Jugendlichen traut man viel zu und sie erfüllen die Erwartungen auch. In Situationen, in denen sich Leader-Kinder profilieren können (z.B. Schulaufführungen), zeigen sie gern, was alles in ihnen steckt. Der Schulstoff hingegen muss nicht zwingend ihr Steckenpferd sein.

Leader-Kinder ernten bei Gruppenarbeiten gerne die Lorbeeren, aber wenn´s nicht so gut gelaufen ist, sind in ihrer Welt auch gerne mal die anderen oder die Umstände schuld.

Leader-Kinder bevorzugen in der Kommunikation meist wenig Gefühlsbetontes. Du liegst richtig mit freundlich-bestimmten, simplen Aussagen. Dein Verhalten sollte darauf abzielen, dem Leader-Kind das Gefühl zu vermitteln, dass du dich darauf verlässt, dass es zuverlässig die von dir gestellte Aufgabe erledigt.

Bitte nimm dir nun kurz Zeit und beantworte die folgenden Fragen.

Mit Leader-Kindern habe ich bereits folgende Erfahrungen gemacht …

………………………………………………………………………………………………

………………………………………………………………………………………………

………………………………………………………………………………………………

………………………………………………………………………………………………

………………………………………………………………………………………………

………………………………………………………………………………………………

Meine Emotionen und Gedanken zu Leader-Kindern:

Finde ich Leader-Kinder angenehm oder eher nervig? Fühle ich mich ihnen nahe oder eher nicht?

....

....

....

....

....

....

Wie kannst du in deiner Kommunikation gut für Leader-Kinder sein? Was ist wichtig für sie? Notiere bitte einige Gedanken dazu.

....

....

....

....

....

....

Stelle dir bitte folgende Situation vor: Ein Leader-Kind stört deinen Unterricht, indem es permanent mit seinem Lineal spielt und damit Geräusche macht. Du forderst es auf, das zu lassen. Das Kind guckt dich an, sagt patzig „Nö!" und verschränkt die Arme.

Wie kannst du herausfinden, um welche Art des Widerstandes (spielerisch oder provokant) es sich handelt, und wie kannst du dann vorgehen?

....

....

....

....

....

....

Konzept-Kinder

Konzept-Kinder haben für alles Pläne, Strukturen und eine Ordnung. Wenn diese Ordnung aus den Fugen gerät, weil etwas Negatives, Unplanmäßiges geschieht, dann verzetteln sie sich manchmal.

Konzept-Kinder sind meist reservierter und schauen auf Zahlen, Daten und Fakten. Den Kindern und Jugendlichen ist es wichtig zu wissen, ob etwas richtig ist. Regeln und Strukturen geben ihnen Sicherheit und Halt.

Lehrkräfte haben oft das Gefühl, dass Konzept-Kinder nicht so gut mit anderen Menschen zurechtkommen. Konzept-Kindern fällt es öfter schwer, andere zu verstehen und zu ergründen, welche Erwartung andere an sie haben. Manchmal versuchen Konzept-Kinder, das für sich zu adaptieren, was andere Kinder und Jugendliche gut können (z. B. humorvoll sein), aber es wirkt irgendwie hölzern.

Zum Teil tun Konzept-Kinder auch Dinge, die sie selbst nicht in einem guten Licht stehen lassen. Diese Schülerinnen und Schüler haben ein höheres Risiko, Opfer von Mobbing zu werden.

Durch ihre gute Struktur und Organisation haben Konzept-Kinder z. B. auf Klassenfahrten alles für alle Eventualitäten dabei. Konzept-Kinder machen auch immer ihre Hausaufgaben, weil man Hausaufgaben eben macht – das ist doch die Regel!

Ordnung und Struktur ziehen sich ebenso durch ihr Material (aufgeräumte Federmappe, kein Klimbim in der Schultasche). Wenn aber mal ein Bleistift abbricht oder der Füller zu Hause vergessen wurde, ist das für Konzept-Kinder eine kleine Katastrophe.

Konzept-Kinder sind absolut verlässlich und ehrlich, das zeichnet sie aus.

Konzept-Kinder musst du in der Regel nicht an das Einhalten von Regeln erinnern. Regeln sind ihnen absolut wichtig und sie halten sich quasi von allein daran.

Bitte nimm dir nun kurz Zeit und beantworte die folgenden Fragen.

Mit Konzept-Kindern habe ich bereits folgende Erfahrungen gemacht …

Meine Emotionen und Gedanken zu Konzept-Kindern:

Finde ich Konzept-Kinder angenehm oder eher nervig? Fühle ich mich ihnen nahe oder eher nicht?

....

....

....

....

....

....

....

Eine Herausforderung für Konzept-Kinder ist es, wenn ihre gewohnten Muster und Strukturen durchbrochen werden. Dann verwenden sie oft enorm viel Energie darauf, die Veränderung zu verhindern. Sie können sich mit dem Neuen nur schwer anfreunden und es fällt ihnen oft auch erst mal keine Verhaltensalternative ein, denn für sie ist das Muster im Kopf kaputtgegangen.

Für dich als Lehrkraft ist es eine herausfordernde Aufgabe, solche Situationen zu managen, in denen etwas für Konzept-Kinder Ungeplantes geschieht, das sie aus ihrem Raster wirft. Zum Beispiel: Heute fällt der Morgenkreis aus, obwohl er ansonsten immer stattfindet.

In solchen Situationen entstehen zwischen Konzept-Kindern und Lehrkräften schnell Konflikte. Hier kannst du durch dein Verhalten und deine Kommunikation sehr gut steuern.

Konzept-Kinder kannst du dadurch unterstützen, indem du ihnen Strukturen vorgibst, denn das vermittelt ihnen Sicherheit. Kleineren Kindern kannst du zum Beispiel mithilfe von Bildkarten den Alltag leichter machen. Konzept-Kinder profitieren davon, wenn es um sie herum Planbarkeit und Verlässlichkeit gibt. Umso wichtiger ist es, dass du als Lehrkraft verlässlich bist.

Mein Praxistipp

Auch ungeplante Ereignisse kannst du für Konzept-Kinder optisch mit kleinen Kärtchen aufbereiten. Visualisiere mit den Karten eben nicht nur Unterrichtsfächer, Pausen oder AGs. Erstelle zum Beispiel eine Karte, auf der ein großes Fragezeichen zu sehen ist. Diese Karte ordnest du an die Stelle im Tagesablauf, von der du weißt, dass hier eventuell etwas Ungeplantes passieren kann, das du jetzt noch nicht absehen kannst.

Solch ein Kärtchen ist natürlich kein Allheilmittel, aber es nimmt Druck aus der Situation. Es macht den Schülerinnen und Schülern deutlich: „Hier könnte etwas passieren, stelle dich schon mal darauf ein." Allein das verbessert schon deutlich die Kommunikation und senkt die Gefahr von Widerständen durch die Kinder und Jugendlichen.

Wie kannst du gut für Konzept-Kinder sein? Was ist wichtig für sie? Notiere bitte einige Gedanken dazu.

Stelle dir bitte folgende Situation vor: Du forderst die Schülerinnen und Schüler dazu auf, nach Unterrichtsende die Stühle hochzustellen. Ein Konzept-Kind hat seinen Stuhl noch nicht hochgestellt. Du forderst es auf, aber es antwortet dir: „Bei Frau Müller musste ich das gestern auch nicht machen!" und schaut dich herausfordernd an.

Wie kannst du herausfinden, um welche Art des Widerstandes (spielerisch oder provokant) es sich handelt, und wie kannst du dann vorgehen?

Info: Konzept-Kinder und Mobbing

Eben habe ich schon kurz angeschnitten, dass Konzept-Kinder eine höhere Gefahr haben, Mobbing-Opfer zu werden. Diese Kinder und Jugendlichen bringen sich manchmal durch ihr Handeln selbst in schlechte Positionen, weil sie durch ihre Struktur und ihren Plan in ihrem Handeln so eingeengt sind, dass sie nicht mitbekommen, wie ihre Umwelt (negativ) auf sie reagiert. Hier bist du als Lehrkraft auf allen Ebenen gefragt!

Chaos-Kinder

Chaos-Kinder haben salopp gesagt aus meiner Sicht das Motto „Vernünftig ist wie tot, nur vorher" gepachtet.

Chaos-Kinder sind begeisterungsfähig, mitreißend, lustig, spontan, wetteifernd und ermutigend – aber auch ziemlich chaotisch. Sie lieben das Entertainment und sie haben Spaß daran, wenn andere Spaß haben. Chaos-Kinder sind oft der Klassen-Clown.

Veränderungen bemerken sie manchmal gar nicht – oder sie sind ihnen egal, weil ihre Köpfe eh voller Optionen sind und Chaos-Kinder dadurch sehr schnell umschalten können. Diesen Kindern und Jugendlichen muss man sagen, dass sie Dinge nicht nur anfangen, sondern auch zu Ende bringen müssen.

Chaos-Kinder zeichnet ihre Kombination aus Begeisterungsfähigkeit und Planlosigkeit aus, die ihren besonderen Charme ausmacht. Jüngere Chaos-Kinder haben zum Beispiel oft mehr Spielzeug in der Schultasche als Unterrichtsmaterialien.

Bitte nimm dir nun kurz Zeit und beantworte die folgenden Fragen.

Mit Chaos-Kindern habe ich bereits folgende Erfahrungen gemacht ...

....

....

....

....

....

....

Meine Emotionen und Gedanken zu Chaos-Kindern:

Finde ich Chaos-Kinder angenehm oder eher nervig? Fühle ich mich ihnen nahe oder eher nicht?

....

....

....

....

....

....

Chaos-Kinder im Schulsystem

Chaos-Kinder sind sehr ressourcenstark – das dürfen wir nicht vergessen bei all den Herausforderungen, die sich aus den Verhaltensweisen dieser Schülerinnen und Schüler ergeben. Sie können eine ganze Menge!

Chaos-Kinder sind allerdings häufig in den Dingen gut, nach denen das Schulsystem nicht fragt. Zum Beispiel, wenn es darum geht, spontan an einem Fluss einen kleinen Staudamm zu bauen oder beim Spielen ein besonders gutes Versteck zu finden. Chaos-Kinder sind in kreativen und spontanen Lösungsfindungen richtig stark – aber danach fragt das System Schule eben meistens nicht. Unser Schulsystem hat nicht zum Ziel, jedes Kind in dem zu fördern, worin es gut ist. Sondern es geht darum, alle Schülerinnen und Schüler auf ein einigermaßen gleiches Niveau zu bringen. Gerade Chaos-Kinder erleben dadurch im schulischen Kontext oft Gefühle wie Scheitern oder Nicht-gut-genug-Sein.

Praxistipp
Für Chaos-Kinder empfehle ich dir die One Minute Stage. Das ist, wie der Name schon verrät, eine Art kleine Bühne. Diese eine Minute kannst du zum Beispiel vor dem Unterrichtsstart allen Schülerinnen und Schülern anbieten. Auf der One Minute Stage dürfen die Kinder und Jugendlichen zeigen, worin sie gut sind. In der Praxis werden vor allem Chaos-Kinder diese Gelegenheit nutzen.

Wahrscheinlich musst du aushalten, dass die Kinder den immergleichen Witz erzählen oder nur Quatsch machen. Aber für die Chaos-Kinder ist es so wichtig, dass sie erleben und zeigen dürfen, worin sie gut sind – gerade in Dingen, nach denen die Schule nicht fragt!

Chaos-Kinder müssen daran erinnert werden, dass sie Dinge auch zu Ende bringen. Sie in ihrem Alltag zu begleiten, erfordert sehr viel Geduld. Unser Bildungssystem ist auf Langfristigkeit angelegt, aber das liegt Chaos-Kindern überhaupt nicht. Sie benötigen kurzfristige Ziele – daher empfehle ich dir, für sie entsprechend kurzfristige Ziele parat zu haben. Davon profitieren die Chaos-Kinder und haben entsprechende Erfolgserlebnisse.

Der Kopf von Chaos-Kindern ist oft voll mit Dingen, die für sie wichtiger sind, als in der Schule zu sitzen und auf ein langfristiges Ziel hin zu lernen. Hier kannst du sie als Lehrkraft abholen und mit schnell erreichbaren Zielen begleiten und motivieren.

Wie kannst du gut für Chaos-Kinder sein? Was ist wichtig für sie? Notiere bitte einige Gedanken dazu.

....

....

....

Stelle dir bitte folgende Unterrichtssituation vor: Ein Chaos-Kind rutscht die ganze Zeit lautstark auf seinem Stuhl herum, spielt mit seiner Trinkflasche und eine Sache nach der anderen fällt vom Tisch. Du forderst das Kind auf, still zu sein. Es ruft „Nein!“ und krabbelt unter seinen Tisch. Als du das Kind wieder ansprichst, brüllt es: „Ich habe keine Lust mehr, das ist alles doof hier!“

Wie kannst du herausfinden, um welche Art des Widerstandes (spielerisch oder provokant) es sich handelt, und wie kannst du dann vorgehen?

Info: Klassenclowns

Chaos-Kinder findest du oft in der Rolle des Klassenclowns. Und hier möchte ich gerne eine Lanze für die Klassenclowns brechen, denn oft bekomme ich von Lehrkräften negative, genervte Rückmeldungen zu diesem Thema.

Ich glaube, dass Humor und gerade die Fähigkeit, andere zum Lachen zu bringen, eine sehr hohe Stufe von Empathie erfordert. Gerade, wenn es gelingt, dass andere wertschätzend über die Erzählungen lachen, ohne dass sie sich über die erzählende Person lustig machen.

Ich glaube, wem das gelingt, der hat verstanden, was andere Menschen brauchen, damit sie etwas oder jemanden gut finden. Ein Klassenclown zu sein bedeutet aus meiner Sicht daher, dass wir es mit schlauen, cleveren Kindern und Jugendlichen zu tun haben. Leider werden die Klassenclowns aus meiner Sicht oft in die falsche Schublade gesteckt.

„Ich mach' das"-Kinder

Bevor du weiterliest, nimmt dir bitte zuerst Zeit und notiere spontan den Namen des Schülers oder der Schülerin, der oder die dich aktuell am meisten beschäftigt. Welches ist das herausforderndste Kind in deiner Klasse?

....

Und nun denke bitte an das Kind aus deiner Klasse, an das du in den vergangenen 14 Tagen nicht gedacht hat, und schreibe seinen Namen auf:

....

Na, hast du für die zweite Antwort länger gebraucht? Wahrscheinlich!

Und das hat einen guten Grund, denn es gibt eben Kinder und Jugendliche, um die wir uns keine Gedanken und keine Sorgen machen müssen. Weil – wie wir auf den ersten Blick finden – ja immer alles läuft!

Schauen wir uns nun genau diese Kinder an, die schnell von unserem Radar verschwinden, die „Ich mach´ das"-Kinder:

„Ich mach' das"-Kinder sind sozial, achtsam, ermutigend und mitfühlend. Diese Schülerinnen und Schüler lieben es, mit anderen Menschen zusammen und für andere da zu sein.

Diese Kinder melden sich oft schneller freiwillig für die Übernahme von Hilfsaufgaben, als du deine Bitte überhaupt ausgesprochen hast. „Ich mach' das"-Kinder genießen dein Vertrauen. Du könntest sie jederzeit mit einer Aufgabe losschicken (z. B. etwas aus dem Lehrerzimmer zu holen) und sie würden diese Aufgabe zu hundert Prozent erledigen.

Bei negativen Ereignissen haben diese Schülerinnen und Schüler eine sehr hohe Motivation, Positives zu tun, sodass die Situation für alle Beteiligten gut wird.

Wir loben die „Ich mach' das"-Kinder meist dann, wenn sie etwas für uns oder für andere machen. Und das kann für diese Kinder und Jugendlichen zum Problem werden. Denn sie lernen oft, dass sie nur selbstwirksam sind bzw. gesehen werden, wenn sie für andere geben und sich aufopfern.

Bitte nimm dir nun kurz Zeit und beantworte die folgenden Fragen.

Mit „Ich mach' das"-Kindern habe ich bereits folgende Erfahrungen gemacht . . .

....

....

....

....

....

....

....

Meine Emotionen und Gedanken zu „Ich mach' das"-Kindern:

Finde ich „Ich mach' das"-Kinder angenehm oder eher nervig? Fühle ich mich ihnen nahe oder eher nicht?

....

....

....

....

....

....

....

....

Achtung, Stolperstein!

Bei „Ich mach´ das"-Kindern gibt es einen fiesen Stolperstein, über den man leider schnell fällt, wenn man eine richtige gute Pädagogin oder ein richtig guter Pädagoge ist. Deswegen ist es auch nicht schlimm, wenn du schon mal in diese Falle getappt bist!

Wo liegt der Stolperstein?

„Ich mach´ das"-Kinder sind ressourcenstark und können viel. Sie sind lieb, akzeptieren Regeln und erfüllen sehr viel von dem, was man sich als Lehrkraft wünscht. Und eben weil sie so ressourcenstark und so angepasst sind, spannen wir sie manchmal für unsere Zwecke ein. Das geht oft schon im Kindergarten los und „Ich mach´ das"-Kinder werden von Erwachsenen eingebunden mit Aussagen wie: „Ach, toll, dass du schon eine Schleife kannst, dann kannst du mir ja beim Anziehen der Kleinen helfen!"

In der Grundschule werden diese Schülerinnen und Schüler schnell von Lehrkräften, die ihre Ressourcen entdeckt haben, verstärkt für zusätzliche Aufgaben für andere Kinder eingesetzt oder sie müssen hintenanstehen. Es fallen von Lehrkraftseite Sätze wie „Ich gebe dir schon mal die Materialien, ich weiß, du kannst das schon. Ich muss mich erst mal um Kind XY kümmern" oder „Wenn du schon fertig bist, dann geh´ doch mal rum und hilf´ allen anderen". Im Grundschulkontext werden so aus „Ich mach´ das"-Kindern Helferkinder geformt.

Keine Sorge: Das passiert JEDER und JEDEM von uns und wir sind ALLE schon in diese Falle getappt! Ich möchte nur darauf aufmerksam machen, dass wir mit dieser Haltung diesen Schülerinnen und Schülern beibringen: „Du bist nur dann gut, wenn du etwas für andere tust." Diese Haltung ist langfristig nicht gesund, wenn die Schülerin oder der Schüler immer mehr Energie für andere aufbringt als für sich selbst.

Real Talk: Meine Erfahrungen aus der Kinder- und Jugendpsychiatrie

Ich habe 15 Jahre lang in der Kinder- und Jugendpsychiatrie gearbeitet und das Gros der Patientinnen und Patienten waren Menschen, die langfristig immer mehr Energie für andere gegeben haben als für sich. Meist in der Pubertät reift bei diesen Kindern und Jugendlichen dann der Gedanke: „Nein, jetzt dreht sich die Welt auch mal um mich!" Daraus entwickeln sich oft ungesunde Verhaltensweisen, die man nur schwer wieder regulieren kann.

„Ich mach' das"-Kinder übernehmen freiwillig oft viele Aufgaben. Deshalb empfehle ich dir, sie auch darin zu fördern, auf sich zu schauen und nicht immer nur Energie in andere zu investieren. Bei der nächsten freiwilligen Meldung eines solchen Kindes könntest du also zum Beispiel sagen: „Danke, dass du dich meldest. Es ist schön, dass du so hilfsbereit bist. Aber mach´ heute mal Pause." Und dann übernimmt jemand anderes die Aufgabe.

Für „Ich mach' das"-Kinder ist es wichtig zu lernen, dass sie auch gut sind bzw. gelobt werden, wenn sie mal nichts für andere tun.

Wie kannst du in deiner Kommunikation gut für „Ich mach' das"-Kinder sein? Was ist wichtig für sie? Notiere bitte einige Gedanken dazu.

....

....

....

....

....

....

....

....

Stelle dir bitte folgende Situation vor: Du forderst die Schülerinnen und Schüler dazu auf, ihre Hefte herauszunehmen. Ein „Ich mach´ das"-Kind reagiert nicht auf deine Aufforderung, verschränkt stattdessen die Arme und bewegt sich danach nicht mehr.

Wie kannst du herausfinden, um welche Art des Widerstandes (spielerisch oder provokant) es sich handelt, und wie kannst du dann vorgehen?

Kleiner Reminder

Meine Darstellung der Kindertypen ist überspitzt. In der Realität sind wir Menschen alle einzigartig, aber eben irgendwie aus diesen Charaktereigenschaften zusammengesetzt. Die Darstellungen soll dir als Arbeitserleichterung und Denkhilfe dienen. Bitte beachte, dass es immer Schülerinnen und Schüler gibt, auf die solche Raster nicht anwendbar sind.

Ich hoffe, dass dir die einprägsamen Beschreibungen helfen, Schülerinnen und Schüler schneller einschätzen und vor allem daraus ableiten zu können, wie du deine Kommunikation gezielt für die Kinder anpassen kannst.

Welcher Typ bist du und was bedeutet das für deine Arbeit?

Sicherlich hast du dich auch in der einen oder anderen Beschreibung der Persönlichkeitstypen wiedergefunden. Bitte nimm dir nun etwas Zeit, genauer auf dich zu schauen.

Welche Persönlichkeitsanteile der vier Typen entdeckst du an dir? Woran machst du das fest? Was leitest du daraus für dich ab?

....

....

....

....

....

....

....

Mit den Bildern zu den vier Persönlichkeitstypen möchte ich dir eine Hilfe an die Hand geben, daran zu denken, dass Kinder ganz unterschiedlich ticken und dementsprechend auch von dir als Lehrkraft manchmal eine ganz unterschiedliche Ansprache benötigen. Auch Konflikte sind manchmal schon aufgrund der Persönlichkeitsmerkmale häufiger: Bist du zum Beispiel eher ein Chaos-Typ und hast ein Konzept-Kind in deiner Klasse, das von dir Ordnung und Struktur braucht, wird es hier wahrscheinlich eher zu Reibungen kommen. Oder du bist eine „Ich mach´ das"-Lehrkraft, die versucht, gleichzeitig mit einem Leader-Kind und einem Chaos-Kind einen gemeinsamen Weg zu finden. Auch in solchen Fällen kommt es schneller zu Konflikten. Das Wissen um die verschiedenen Persönlichkeitstypen kann hier für dich Entspannung bringen und dir Lösungswege aufzeigen.

Bringen dich gewisse Persönlichkeitstypen immer wieder auf die Palme? Oder arbeitest du mit gewissen Persönlichkeitstypen lieber zusammen? Notiere hierzu bitte deine Gedanken und mögliche Gründe.

Persönlichkeitstypen, mit denen ich gerne zusammenarbeite, weil ...	Diese Persönlichkeitstypen bringen mich auf die Palme. / Mit diesen Persönlichkeitstypen fällt mir die Zusammenarbeit schwer, weil ...
....	....
....	....
....	....
....	....
....	....
....	....
....	....

Bitte schaue dir deine Liste der Persönlichkeitstypen nun noch genauer an. Überlege, wie du die Zusammenarbeit mit diesen Kindern und Jugendlichen unter Berücksichtigung ihrer Persönlichkeitsmerkmale noch besser gestalten und ihnen positives Feedback geben kannst. Sind auch „Ich mach´ das"-Kinder darunter? Bitte überlege hier gesondert, wie du Lob und Pausen sinnvoll einbauen kannst.

Persönlichkeitstyp	Mein Plan für die Zusammenarbeit

Zugegeben – der Titel Krisenkind ist provokant gewählt. Aber vielleicht geht es dir auch so, dass du bei dem Wort Krisenkind gleich eine Vorstellung davon hast, was damit gemeint sein könnte.

Bitte nimm dir ein paar Minuten Zeit und schreibe auf, was für dich ein Krisenkind ist.

....

....

....

....

....

....

....

Nun möchte ich dir erklären, was für mich ein Krisenkind ist.

Krisenkinder sind für mich Kinder und Jugendliche,

… die massive Verhaltensweisen zeigen und in uns Pädagoginnen und Pädagogen das Gefühl auslösen: „Ich würde dir gerne helfen, aber ich weiß nicht, wie."

… die uns Rätsel aufgeben, uns ratlos machen und bei denen uns die richtigen Strategien fehlen.

… mit denen wir gerne Beziehung gestalten würden, wir aber keine Ahnung haben, wie das mit diesen Kindern und Jugendlichen gehen soll.

… die Verhaltensweisen zeigen wie Aggression, Wut und Trauer: Krisenkinder schmeißen Sachen durch den Raum, treten gegen den Mülleimer, im nächsten Moment mauern sie, verstecken sich unter dem Tisch oder hauen einfach ab.

… die aus dem Nichts heraus explodieren bzw. aus einer Mücke einen emotionalen Elefanten machen.

Krisenkinder sind für mich Kinder und Jugendliche, die einen Mangel erlebt haben. Denn schwierige Verhaltensweisen sind für mich primär Ausdruck eines Mangels. Und dieser Mangel ist aus meiner Sicht, so viel sei hier schon gesagt, nicht die simple *Aufmerksamkeit*, von der oft floskelhaft im Lehrerzimmer gesprochen wird.

Krisenkinder fordern uns also absolut heraus – und das bedeutet auch, dass wir mal nicht weiterwissen.

Bist du schon mal an einem Kind gescheitert?

Gab es irgendwann in der Arbeit mit einem Kind den Punkt, an dem du sagen musstest: „Ich habe mein Bestes gegeben, aber ich kann nicht alle retten."

Notiere hier bitte die Situation(en) und deine Gedanken dazu.

Kinder und Jugendliche, die die meiste Liebe von dir brauchen, zeigen das auf die fieseste Art und Weise. Das sind die Kinder, die dich am meisten herausfordern, provozieren, beschimpfen, eventuell sogar körperlich angehen.

Für Kinder und Jugendliche, die nicht den einfachsten Lebensweg haben, ist es enorm wichtig, dass du da bist. Dass du bleibst, wenn sie dich wegschubsen. Dass du sie nicht abschreibst und sagst, aus ihnen wird eh nichts. Denn auch Krisenkinder haben enorme Ressourcen für Gutes.

Sei für Kinder da – besonders für die, die es aufgrund ihres Verhaltens eventuell am wenigsten verdient haben.

Der Priming-Effekt

Das Wort Priming-Effekt beschreibt ein psychologisches Phänomen, bei dem wir das vermehrt wahrnehmen, womit wir uns sehr viel beschäftigen.

Wenn du dich also sehr stark auf die auffälligen Verhaltensweisen eines Schülers oder einer Schülerin konzentrierst, werden dir gemäß des Priming-Effektes nur noch mehr störende Dinge auffallen. Im Klartext: Gehst du mit der Erwartung „Über Kind X werde ich mich heute bestimmt ärgern" in den Unterricht, dann werden dir auch mit Sicherheit Dinge auffallen, die dich sauer machen.

Kennst du solche Situationen, in denen dich das Verhalten eines Schülers oder einer Schülerin nervt und dir im Folgenden immer mehr negative Dinge an ihm oder ihr auffallen? Bitte notiere deine Erfahrungen damit.

....

....

....

....

....

....

....

Wie kannst du den Priming-Effekt beenden oder gar nicht erst entstehen lassen?

Mein Tipp: Nimm dir ganz bewusst Zeit und suche nach GUTEM, was dieser Schüler oder diese Schülerin macht. Denn jedes Kind hat unendlich viele Ressourcen. Manchmal ist es aber eben schwierig, diese zu entdecken, weil wir zu sehr damit beschäftigt sind, die Scherben dieses „schwierigen Kindes" zusammenzukehren.

Meine Gedanken und Ideen

Die provozieren doch, oder …?

Bitte nimm dir kurz Zeit und schreibe einige Situationen auf, in denen dich Schülerinnen und Schüler so richtig provoziert haben. Womit haben sie dich auf die Palme gebracht?

…………………………………………………………………………………………

…………………………………………………………………………………………

…………………………………………………………………………………………

…………………………………………………………………………………………

…………………………………………………………………………………………

…………………………………………………………………………………………

…………………………………………………………………………………………

Zum Thema Provokation möchte ich dir gerne einige Gedanken mit auf den Weg geben:

„Provokation“ ist ein Schlüsselbegriff und eine Interpretation durch dich als Lehrkraft. Das Verhalten des Kindes muss nicht immer als Provokation gemeint sein, es kann auch ein anderes Bedürfnis dahinterstecken.

Schülerinnen und Schüler haben auch andere Motivationen, sich in den Widerstand zu begeben, als nur um zu provozieren. Das Verhalten des Kindes oder des Jugendlichen kann auch ein Zeichen von Überforderung sein.

Daher bitte ich dich: Fasse provokativ wirkendes Verhalten in erster Instanz nicht als Provokation gegen deine Person auf, sondern erst mal als Geste der Überforderung bzw. als einen Schutzreflex des Kindes. So kannst du damit gelassener umgehen.

Wie kannst du dich als Lehrkraft in solchen Situationen verhalten?

Ich empfehle dir das Prinzip „Stelle Fragen, statt zu sagen“, um die Hintergründe zu beleuchten.

- Aus meiner Sicht ist zum Beispiel eine gute Frage, wenn ich mich provoziert fühle: „Sag´ mal, wie geht es dir eigentlich?“
  Dann musst du es aushalten können, dass die Schülerin oder der Schüler eventuell sekundenlang schweigt.
- Eine Anschlussfrage kann sein: „Was brauchst du jetzt, damit das gut gelingen kann?“
- Und als weitere Frage: „Ist das der Grund, warum du gerade nicht XYZ machen möchtest?“

Selbst wenn das Kind nur schweigt, hast du viel für dein Standing getan und du hast die Schülerin oder den Schüler zum Nachdenken angeregt.

Schaue dir noch mal deine im Vorfeld notierten Provokationen an. Gibt es vielleicht auch andere Interpretationsmöglichkeiten wie z. B. Überforderung des Kindes? Bitte schreibe deine Gedanken dazu auf.

„Provokation“	Andere Interpretationsmöglichkeit

Bitte überlege dir für die Zukunft, wie du auf vermeintliche Provokationen reagieren kannst, und entwirf Handlungsalternativen. Was kannst du sagen und fragen, was kannst du tun? Lege dir Sätze und Handlungen zurecht, die zu dir passen.

Kinder, die explodieren

Sicherlich kennst du den „Und gleich kippt das"-Moment. Er tritt zum Beispiel dann auf, wenn sich zwei Kinder bzw. Jugendliche streiten, du das beobachtest und denkst: „Gleich kippt das." Und dann kippt es … und ein Kind beginnt zum Beispiel zu weinen und das andere wird richtig laut und ausfallend.

Der „Und jetzt kippt es"-Moment ist der Moment, in dem gewisse Schülerinnen und Schüler explodieren.

Wie kannst du in diesen Momenten mit den Kindern umgehen? Dafür habe ich dir einige Ideen mitgebracht.

Ich unterscheide bei Schülerinnen und Schülern, die explodieren, zwei verschiedene Typen. Denn meiner Erfahrung nach ist für jeden Typ eine andere Herangehensweise sinnvoll.

Fasskinder

Für die „Fasskinder" habe ich diesen Namen gewählt, weil sie befüllt werden können wie ein großes Weinfass. Befüllt werden sie mit Emotionen: mit guten wie auch mit schlechten Emotionen, und manchmal auch mit dem Fehlen von Emotionen.

Fasskinder sind die Schülerinnen und Schüler, die – von außen betrachtet – ohne ernsthaften Grund plötzlich komplett ausrasten:

Dem Kind ist die Jacke beim Aufhängen dreimal vom Haken gerutscht – und es explodiert. Das Kind wird auf der Treppe aus Versehen von einem anderen Kind leicht angerempelt – und explodiert. Dem Kind fällt ein Stift runter – es explodiert!

Bei einem Fasskind hast du das Gefühl, dass du diesen Schüler oder diese Schülerin nicht allein lassen kannst, weil sonst irgendetwas Willkürliches passiert. Fasskinder hauen andere, hauen sich selbst oder schlagen auch mal wütend den Kopf auf die Tischplatte. Sicherlich hast auch du schon solche Kinder oder Jugendlichen erlebt, oder vielleicht hast du auch gerade so ein Kind in deiner Klasse.

Bitte nimm dir etwas Zeit und notiere, welche Erfahrungen du mit Schülerinnen und Schülern gemacht hast, die anscheinend ohne jeglichen Grund komplett ausrasten. Welche Situationen hast du erlebt? Welche Gefühle hat das in dir hervorgerufen? Wie hast du gehandelt?

....

....

....

....

....

....

....

....

....

....

....

Warum verhalten sich Fasskinder so? Wie eingangs schon beschrieben, haben diese Schülerinnen und Schüler die Eigenschaft, sich wie ein Weinfass mit Emotionen füllen zu lassen bzw. viele Emotionen in sich aufzunehmen. Problematisch wird dies, wenn diese Kinder und Jugendlichen in einem Umfeld aufwachsen, in dem sie entweder mit negativen Emotionen oder mit gar keinen Emotionen konfrontiert sind. Zum Beispiel mit Eltern, die das Kind oft beschuldigen, klein machen oder sich nicht kümmern.

Schon vor Schulbeginn sammeln Fasskinder oft eine Reihe an Negativ-Erlebnissen in ihrer Familie – zum Beispiel beim (gehetzten, weil zu späten) Aufstehen, beim (oft nicht vorhandenen) Frühstück oder auf dem (gehetzten, lieblosen) Weg in der Schule. Diese Negativ-Erlebnisse sind wie Schippen voller Wasser, die das Fass so lange füllen, bis es kurz vorm Überlaufen ist. In der Schule kommt dann vielleicht noch ein marginales Negativ-Erlebnis hinzu, quasi ein kleiner Tropfen Wasser, und das Fass läuft über bzw. explodiert.

Der Auslöser der Explosion kann minimal sein und die Reaktion des Schülers oder der Schülerin scheint auf den ersten Blick übermäßig groß. Aber eben nur auf den ersten Blick. Kennt man die Hintergründe und weiß, dass dieses Kind dauerhaft negativ emotional aufgeladen wird, dann ist es wenig verwunderlich, dass irgendeine Kleinigkeit das Fass zum Überlaufen bringt.

Wie kannst du als Lehrkraft für Fasskinder gut sein? Ich möchte dir vorschlagen, dass du dir – bildlich gesprochen – eine kleine Kelle holst, mit der du für diesen Schüler oder diese Schülerin Wasser aus seinem bzw. ihrem Fass schippen kannst. Sprich: Gib diesem Kind positive Erlebnisse und positive Emotionen. Das können liebe Worte, liebe Gesten und, und, und sein.

Bitte nimm dir etwas Zeit und notiere einige Ideen, wie du Fasskindern positive Erlebnisse und positive Emotionen in verschiedenen Situationen des Schulalltags schenken kannst. Denke zum Beispiel an Situationen wie den Schulstart, die Pausen usw. oder an Dinge wie deine Körperhaltung, deine innere Einstellung und deine Stimme. Wenn du magst, schreibe gerne konkrete Sätze auf.

....

....

....

....

....

....

....

Anregungen

- „Schön, dass du da bist! Auf dich habe ich mich heute besonders gefreut!"
- „Ich wollte dir gerne noch erzählen, was du gestern wirklich toll gemacht hast …"
- Kurzes positives Feedback, zum Beispiel, wenn Stillarbeit ein paar Minuten lang gut klappt.
- aufmunternder Blick, Lächeln …
- bewusster Verzicht auf Kritik von Kleinigkeiten
- …

Ich würde mir wünschen, dass wir unseren Blick auf Fasskinder verändern. Wir fokussieren uns oft auf das, was bei diesen Kindern herausfordernd und schwierig ist. Das schwierige Verhalten ist aus meiner Sicht aber nur Ausdruck eines Mangels.

Ich würde mir wünschen, dass wir gemeinsam darauf schauen, wie wir diese Schülerinnen und Schüler unterstützen können. Lasst uns durch unser Handeln Kelle für Kelle Wasser aus dem Fass dieser Kinder schippen, sodass nicht mehr Kleinigkeiten zur Explosion führen.

In zwei Wochen zu einem anderen Blick auf Fasskinder

Für deinen Schulalltag mit Fasskindern möchte ich dir folgende Idee empfehlen: Lege dir Stift und Papier bereit und notiere täglich die Kleinigkeiten, die ein Fasskind gut gemacht hat. Und es reichen wirklich Kleinigkeiten! Damit trainierst du langfristig dein Gehirn um, und du nimmst diese Kinder und Jugendlichen anders wahr.

Zum Start biete ich dir diese Liste an, die dich eine Woche lang begleitet. Wichtig: Du darfst keine Sache zweimal aufschreiben!

Tag	Das ist mir positiv aufgefallen:
Tag 1: eine positive Sache	....
Tag 2: zwei positive Sachen	....
Tag 3: drei positive Sachen	....
Tag 4: vier positive Sachen	....
Tag 5: fünf positive Sachen	....

Was ist mit Kleinigkeiten gemeint? Einige Beispiele:

- Schuhe ordentlich weggestellt
- Danke sagen
- Jacke direkt an den eigenen Haken hängen

In der ersten Woche sammelst du so 15 positive Dinge, die die Schülerin oder der Schüler gemacht hat.

In der zweiten Woche nimmst du dir Zeit und sagst du diesem Kind oder Jugendlichen die 15 Dinge, die du aufgeschrieben hast. Vielleicht ist es das erste Mal, dass das Kind in einem Gespräch so viel Positives – gleich 15 verschiedene Aspekte – über sich hört.

Nimm dir danach bitte Zeit und schreibe auf, wie die Schülerin oder der Schüler reagiert hat.

Wie hast du dich dabei gefühlt? Hat sich innerhalb dieser Zeit dein Blick auf dieses Kind verändert? Notiere bitte deine Gedanken dazu.

Welche Dinge hast du für dich für den Umgang mit diesem Kind gelernt? Welche Dinge möchtest du in Zukunft weiter berücksichtigen?

....

....

....

....

....

Noch ein Gedanke zum Thema Mangel: Das schwierige Verhalten der Fasskinder ist aus meiner Sicht Ausdruck eines Mangels. Dieser Mangel besteht meist in der Sicherheitsstruktur des Kindes, also im Wohnumfeld, in der emotionalen Versorgung oder wenn´s um das Thema Liebe geht. Mit einem Mangel an Aufmerksamkeit hat das nichts zu tun!

Plankinder

Plankinder nenne ich so, weil hinter ihrem Verhalten ein Plan bzw. eine Struktur steht. Bei diesen Schülerinnen und Schülern sind oft wiederkehrende Muster zu erkennen. Zum Beispiel: Das schwierige Verhalten eines Schülers tritt immer freitags vor dem Wochenende auf oder vor der Doppelstunde Sport, oder wenn eine Schülerin einen bestimmten Sitznachbarn hat.

Bei Plankindern sind es immer dieselben Dinge, die sie zur Weißglut bringen. Sie können ähnlich emotional werden und explodieren wie Fasskinder, aber bei den Plankindern steckt eine gewisse Struktur dahinter. Das Eskalationspotenzial kann aber gleich hoch sein.

Du kannst Plankinder von Fasskindern unterscheiden, indem du über einen längeren Zeitraum beobachtest. Entdeckst du Strukturen und Muster hinter dem Verhalten? Gibt es sich wiederholende Zeiträume oder ist es an bestimmte Personen gebunden (denke z. B. auch an Personen, mit denen die Schülerin oder der Schüler die Nachmittage oder die Wochenenden verbringt)?

Die folgende Tabelle kann dich dabei unterstützen:

Meine Beobachtungen für …	Tag, Uhrzeit	Situation/Eskalation	Was war vorher? Was kam danach?	Direkt oder indirekt involvierte Personen?	Sonstiges

Beziehung oder Regeln?

Warum ist mir die Unterscheidung von Plankindern und Fasskindern so wichtig?

Bei Plankindern geht es nicht um Beziehung, so wie bei den Fasskindern. Bei Plankindern geht es um Regeln und Konsequenzen. Bei Fasskindern ist also eine ganz andere Herangehensweise notwendig. Plankinder profitieren sehr davon, wenn es bei dir ein verlässliches Regelwerk gibt und sie genau einschätzen können, was wann los ist und was welche Konsequenzen hat.

Bitte denke daran: Wenn ich von Konsequenzen spreche, meine ich niemals Strafen, sondern Folgen, die sich aus Handlungen ergeben.

Plankinder lernen im positiven Sinne von Regeln und Konsequenzen. Für Fasskinder hingegen ist das Nichteinhalten einer Regel und die Konsequenz daraus ein weiterer Tropfen ins Fass voller Frustration und negativer Emotion. Deshalb ist es so wichtig, dass du Fasskinder in der Welt von Regeln und Konsequenzen, die es ja nun mal im Kontext Schule gibt, auf der Beziehungsebene abholst und sie auf dieser Ebene Positives lernen.

Notizen und Ideen

Bewusste Zerstörung durch Kinder und Jugendliche

Hinter Kindern und Jugendlichen, die bewusst etwas zerstören, stecken ebenfalls Plankinder. Diese Schülerinnen und Schüler verabreden sich zum Beispiel mit anderen, um Schultoiletten zu beschädigen. Oder sie lauern anderen Kindern auf, um diese zu beklauen, zu verprügeln usw.

Welche Erfahrungen hast du mit Kindern und Jugendlichen gemacht, die bewusst zerstören?

....

....

....

....

....

....

....

Wie geht man als Lehrkraft mit Kindern und Jugendlichen, die bewusst zerstören, um?

Mein Vorschlag lautet: Hilf diesen Schülerinnen und Schülern (und das ist eine Frage der Haltung, dass du helfen möchtest) zu verstehen, dass sie gerade mit einem Wert nicht korrekt umgegangen sind. Die Gesundheit und das Eigentum von anderen Menschen hat einen Wert, ebenso wie eine Schultoilette.

Die Währung zur Wiedergutmachung von Kindern und Jugendlichen ist in diesem Falle nicht Geld. Natürlich müssen Schäden ersetzt werden, egal, ob beschädigte Schultoilette oder Schultornister. Aber das betrifft ja quasi immer das Geld der Eltern – daraus lernen die Kinder und Jugendlichen meiner Meinung nach nicht viel. Bei Wiedergutmachungen ist die Währung von Schülerinnen und Schülern Zeit.

Also: Wer Schultoiletten beschmiert, hilft dabei, diese wieder sauber zu machen. Wenn für Zerstörungen in der Schule der finanzielle Ausgleich ohne das Kind oder den Jugendlichen stattfindet (z.B. über Eltern, Versicherungen), dann sollte die Schülerin oder der Schüler einen Ausgleich auf anderer Ebene für die Allgemeinheit leisten, indem sie/er Zeit investiert.

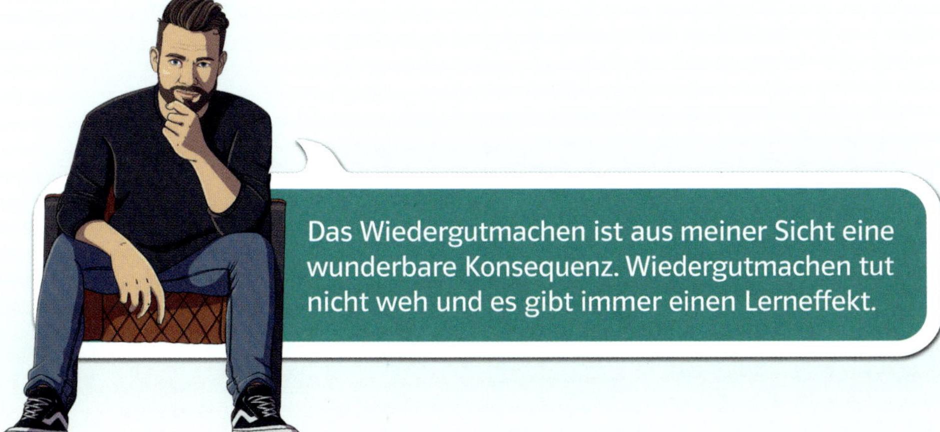

Schülerinnen und Schüler unterm Radar

Wenn du gefragt wirst, welches das schwierigste Kind in deiner Klasse ist, dann weißt du sicherlich sofort die Antwort. Aber kannst du auch ebenso schnell benennen, welches das Kind in deiner Klasse ist, an das du am wenigsten denkst? Das ist meistens gar nicht so einfach. Genau das sind die Schülerinnen und Schüler, die ich „Unterm Radar"-Kinder nenne.

Die Kinder und Jugendlichen, die für uns Pädagoginnen und Pädagogen unter dem Radar laufen, empfinden wir als angenehm und unkompliziert. Das sind die Kinder, bei denen du froh bist, dass es einfach mit ihnen läuft. Einige dieser Kinder sind eher etwas verträumt, andere sehr angepasst und fleißig.

Wahrscheinlich hast du jetzt schon darüber nachgedacht, welche Schülerinnen und Schüler bei dir unter dem Radar laufen. Bitte schreibe die Kinder auf und notiere bitte auch dazu, aus welchen Gründen sie bei dir unter dem Radar fliegen.

Was ist denn eigentlich das Problem mit Kindern und Jugendlichen unter dem Radar, sprich: Warum stehen sie unter der Überschrift Krisenkinder?

Wir Pädagoginnen und Pädagogen bekommen bei diesen Schülerinnen und Schülern oft gar nicht mit, was schwierig ist. Vielleicht haben diese Kinder Themen wie Ängste, Integrationsschwierigkeiten, mögen nicht vor anderen laut vorlesen usw. „Unterm Radar"-Kinder geben vielleicht mehr Energie für andere als für sich selbst, aber du merkst als Lehrkraft oft gar nicht, dass du sie eigentlich bremsen müsstest.

Bitte schaue dir deine vorherige Liste der „Unterm Radar"-Kinder noch mal an. Kannst du für die genannten Schülerinnen und Schüler benennen, vor welchen Herausforderungen sie stehen? Was sind ihre Themen?

....

....

....

....

....

....

....

Die „Unterm Radar"-Kinder sind jetzt gerade, wenn du sie in deiner Klasse hast, keine Krisenkinder. Mir ist es aber wichtig, hier auf sie einzugehen, denn aus „Unterm Radar"-Kinder können später Krisen-Jugendliche oder Krisen-Erwachsene werden.

Wie jeder Mensch haben auch die „Unterm Radar"-Kinder den Wunsch, bedeutend zu sein und gesehen zu werden. Wenn diese Schülerinnen und Schüler dauerhaft das Gefühl haben, nicht gesehen zu werden, können sich daraus über die Jahre Verhaltensweisen entwickeln, die für andere Menschen herausfordernd und schwierig sind. Die „Unterm Radar"-Kinder haben das Potenzial, zu Jugendlichen zu werden, über die Eltern und Lehrkräfte sagen: „Wo kommt das denn auf einmal her? Er/sie war doch so lieb!"

Meine Bitte an dich: Habe die „Unterm Radar"-Kinder etwas mehr auf dem Schirm. Bitte gib ihnen das Gefühl, dass sie gesehen und anerkannt werden.

Das möchte ich in Zukunft für die Kinder, die unter dem Radar fliegen, tun:

„Liebst-du-mich-noch?"-Kinder

„Liebst-du-mich-noch?"-Kinder brauchen dich. Sie brauchen deine Verlässlichkeit, deine Nähe, deine Beziehungsangebote. Sie freuen sich über Komplimente, über deine Zeit für sie und über deine Nähe.

Was diese Schülerinnen und Schüler aber auch tun, ist, die Beziehung permanent zu überprüfen – und das macht den Umgang mit ihnen so herausfordernd. Ihre Art und Weise ist nur nicht unschön und anstrengend, sondern kann auch verletzend sein.

Diese Schülerinnen und Schüler stellen sich (unbewusst) innerlich immer wieder die Frage: „Liebst du mich auch noch, wenn ich …"

Und dieses „wenn ich …" sieht zum Beispiel so aus:

- … wenn ich dich beschimpfe?
- … wenn ich dich ignoriere?
- … wenn ich meinen Eltern Schlechtes über dich erzähle?
- … wenn ich Gegenstände nach dir werfe?

Welche Erfahrungen hast du mit „Liebst-du-mich-noch?"-Kindern gemacht? Nimm dir bitte etwas Zeit und notiere.

....

....

....

....

....

....

....

....

....

....

....

....

....

....

....

....

Wie kannst du mit „Liebst-du-mich-noch?"-Kindern umgehen, sodass es für euch beide leichter wird?

Mache dir bitte immer wieder bewusst, dass es ein Test ist. Der Test, ob du bleibst, das Kind siehst und dich auch dann für es einsetzt, wenn es das scheinbar am wenigsten verdient hat. Bleibe verlässlich.

Vielleicht hilft dir folgender Satz: „Und gerade weil du …, bleibe ich bei dir!"

- „Gerade weil du mich beschimpfst, bleibe ich bei dir!"
- „Gerade weil du etwas nach mir wirfst, bleibe ich bei dir!"
- „Gerade weil du mich ignorierst, bleibe ich bei dir!"

Meine Gedanken und Ideen

Wütende Kinder

Wütende Schülerinnen und Schüler erleben durch ihr Verhalten immer wieder Ausschluss aus dem sozialen Gefüge („Wenn du hier so rumschreist, gehst du vor die Tür!").

Sicherlich kennst du das auch. Wie gehst du mit wütenden Schülerinnen und Schülern um? Schickst du die Kinder und Jugendlichen zum Beispiel vor die Tür?

....

....

....

....

....

....

....

Klar brauchen diese Schülerinnen und Schüler einen Moment für sich, um wieder runterzukochen. Aber dieser „Moment" fällt meiner Meinung nach leider häufig zu drastisch aus.

Dazu ein kleiner Gedankenanstoß: Traurige Schülerinnen und Schüler nehmen wir in den Arm, wir trösten sie und begleiten sie durch ihre Trauer. Ganz automatisch und ganz liebevoll.

Wütende Kinder hingegen müssen einfach oft gehen.

Dabei ist Wut nichts Schlimmes. Es ist ein Gefühl, das uns zeigt, dass jemand gerade unsere Grenzen missachtet hat. Ein Warnsignal.

Ich bin der Meinung, dass jedes Kind es verdient hat, den Umgang mit der Emotion Wut lernen zu dürfen. Wir Pädagoginnen und Pädagogen dürfen und müssen den Schülerinnen und Schülern zeigen, wofür diese Emotion auch gut sein kann.

Schicke wütende Kinder und Jugendliche nicht einfach weg, sondern begleite sie liebevoll durch die Wut. Damit die Schülerinnen und Schüler nicht lernen, „So, wie du hier bist, bist du nicht richtig".

Meiner Meinung nach ist es unsere Aufgabe, zu sehen, dass bei diesem Kind oder Jugendlichen gerade jemand eine Grenze verletzt hat. Und das dürfen wir ernst nehmen.

Das möchte ich in Zukunft für wütende Schülerinnen und Schüler tun:

Kinder, die lügen

Bitte nimm dir zu Beginn etwas Zeit und notiere, wie du mit Schülerinnen und Schülern umgehst, die lügen. Und damit meine ich nicht ein kleines Flunkern, sondern Kinder und Jugendliche, die du regelmäßig beim Lügen erwischst.

Zu Schülerinnen und Schülern, die lügen, möchte ich dir gerne zwei Gedanken mitgeben:

- Arbeite an der Prävention. Sorge bitte für eine wertschätzende Atmosphäre, in der Lügen nicht notwendig ist.
- Führe das Kind nicht vor und belehre es nicht. Nichts sorgt für mehr Frust und Aggression als Scham.

Kinder mit schlechtem Selbstwertgefühl

Es gibt Kinder und Jugendliche, die ein schlechtes Selbstwertgefühl und ein schlechtes Bild von sich als Person haben. Wenn du dir das Selbstwertgefühl wie die wellenförmige Linie einer Frequenz vorstellst, dann starten diese Schülerinnen und Schüler weit unten im Tal der Frequenz.

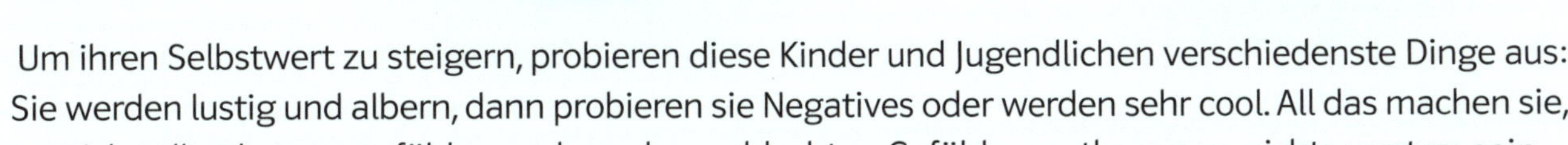

Um ihren Selbstwert zu steigern, probieren diese Kinder und Jugendlichen verschiedenste Dinge aus: Sie werden lustig und albern, dann probieren sie Negatives oder werden sehr cool. All das machen sie, um sich selbst besser zu fühlen und um dem schlechten Gefühl zu entkommen, nichts wert zu sein.

Schülerinnen und Schüler mit niedrigem Selbstwertgefühl versuchen, durch ihr Handeln aus dem Tal der Frequenz immer weiter nach oben in Richtung Frequenzberg zu kommen. Haben sie den Frequenzberg erreicht, passiert etwas für die Kinder Überraschendes: Sie ecken mit ihrem Handeln an, sie bekommen Gegenwind und merken, dass sie bei anderen nicht gut ankommen und nicht erwünscht sind – weil sie mit ihrem Verhalten weit übers Ziel hinausgeschossen sind. In diesen Phasen bist du auch als Lehrkraft oft gut mit ihnen beschäftigt und sie verhalten sich wie *Krisenkinder*.

Durch das Anecken und den Gegenwind fallen die Schülerinnen und Schüler vom Frequenzberg wieder zurück in Richtung Tal. Diese Muster wiederholen sich, ebenso wie die Wellen der Frequenz. Für die Kinder und ihr Umfeld sind die Wellen der Frequenz oft eine emotionale Achterbahnfahrt.

Auf dem Frequenzberg fühlen sich die Schülerinnen und Schüler wie Königinnen und Könige. Im Frequenztal sind die Kinder und Jugendlichen emotional ganz weit unten und sagen Sätze wie „Keiner hat mich lieb." oder „Mich würde ja eh keiner vermissen."

Sicherlich hast du auch schon Schülerinnen und Schüler erlebt, die stark auf der Frequenz der Selbstwirksamkeit schwanken. Schreibe bitte auf, was und wie du diese Kinder und Jugendlichen erlebt hast. Welche Emotionen hat ihr Verhalten in dir hervorgerufen? Wann und wie ist dir aufgefallen, dass sie diesen Schwankungen unterliegen?

Aus Kindern, die Sätze sagen wie „Keiner hat mich lieb", „Mich würde ja eh keiner vermissen" oder „An einem anderen Ort wäre es schöner", werden vielleicht später Jugendliche und Erwachsene, die solche Sätze nicht mehr nur sagen, sondern daraus auch ihre Konsequenzen ziehen.

Für Schülerinnen und Schüler mit geringem Selbstwert, die versuchen, diesen irgendwie aufzupolieren, kannst du als Lehrkraft gut und wertvoll sein. Bitte schaue genau hin und schätze die Dinge wert, die diese Kinder gut machen. Sind sie dann oben auf dem Frequenzberg angekommen und bekommen Gegenwind, kannst du den Schülerinnen und Schülern helfen, indem du sie stoppst und ihnen einen Anker setzt. Du kannst ihnen zum Beispiel spiegeln, was sie bislang alles toll gemacht haben, und ihnen mitgeben, dass ihr Handeln jetzt aber in eine falsche Richtung geht. So schaffst du mit den Kindern einen Realitätsabgleich, der verhindern kann, dass sie wieder in das Frequenztal rutschen.

Das möchte ich in Zukunft für die Kinder, die in der Frequenz des Selbstwertes schwanken, tun:

Kinder, die die Mitarbeit verweigern

Bitte nimm dir vorweg wieder etwas Zeit und notiere, wie du aktuell damit umgehst, wenn eine Schülerin oder ein Schüler komplett die Mitarbeit verweigert.

Ich habe im Folgenden einige Tipps für dich zusammengestellt, die dir helfen können, wenn Kinder oder Jugendliche die Mitarbeit verweigern. Neben den Tipps ist jeweils Platz, sodass du deine eigenen Gedanken, Ideen und Formulierungen, die zu dir passen, notieren kannst.

Du musst nicht alles direkt klären

Oft macht es in einer Situation, in der die Schülerin oder der Schüler schon in der Verweigerung ist, keinen Sinn, noch etwas klären zu wollen.

Das rationale Denken funktioniert in der Situation einfach nicht mehr gut, die Emotionalität überwiegt bei der Schülerin bzw. beim Schüler.

Hier kannst du etwas sagen wie: „Ich habe gesehen, du bist gerade wütend. Wir besprechen das nachher."

Meine Gedanken und Ideen

Ignoriere nicht

Ignoriere die Schülerin bzw. den Schüler nicht. Gibst du zum Beispiel der Wut des Kindes keine Aufmerksamkeit, signalisierst du: „Deine Wut ist mir nicht wichtig."

Für das Eingehen auf den Konflikt reicht auch mal ein Blick oder eine Geste, damit ist nicht immer die ganz große Besprechungsrunde gemeint.

Manchmal reicht ein Satz wie: „Ich habe es gesehen, wir sprechen gleich." Schon mit diesem einen Satz bist du auf die Schülerin oder den Schüler eingegangen.

Meine Gedanken und Ideen

Suche die Ursache

Bekämpfe bei Schülerinnen und Schülern, die die Mitarbeit verweigern, nicht nur die Symptome. Setze an der Ursache an:

- Worum geht es dem Kind?
- Welche Bedürfnisse stehen dahinter?
- Was kann der Auslöser dieser ganzen Symptome sein?

Meist gibt es einen guten Grund für das Verhalten der Schülerin oder des Schülers. Denke auch daran, im familiären Umfeld des Kindes zu schauen. Welche Veränderungen gab es dort? (z. B. Trennung der Eltern, Todesfall von Bezugspersonen, Geschwisterkind wurde geboren, traumatische Erfahrung etc.)

Betrachte das familiäre Umfeld der Schülerin oder des Schülers dann besonders intensiv, wenn sich das Verhalten des Kindes innerhalb eines recht kurzen Zeitraumes stark verändert hat.

Meine Gedanken und Ideen

Wann gestaltest du Beziehung?

Achte darauf, in welchen Situationen du mit der Schülerin oder dem Schüler Beziehung gestaltest. Gestaltest du eventuell mehr Beziehung mit diesem Kind oder Jugendlichen in den Momenten, in denen es schwierig wird?

Das ist natürlich nicht falsch. Aber schaue bitte mal genau hin: Manchmal verselbstständigt es sich, dass man als Lehrkraft mehr Beziehung gibt, wenn es schwierig wird. Aus Versehen kannst du dadurch den Lerneffekt schaffen: „Immer, wenn es schwierig wird, bin ich für dich da."

Auch das ist nicht prinzipiell schlecht, außer, es verselbstständigt sich und das Kind hat einen Lerneffekt.

Achte darauf, Beziehung nicht nur dann zu gestalten, wenn es schwierig wird. Lege deinen Fokus bewusst darauf, Beziehung dann zu gestalten, wenn es gut läuft.

Meine Gedanken und Ideen

Kinder, die sich nichts mehr sagen lassen

Zuallererst möchte ich dich beruhigen: Du kannst und wirst nicht jedem und jeder helfen. Eines Tages wird es diesen einen Schüler oder diese eine Schülerin geben, bei dem bzw. der auch die beste Strategie nichts hilft.

Bist du dann handlungsunfähig? Nur vielleicht im ersten Moment.

Welche Erfahrungen hast du bereits mit Kindern und Jugendlichen gemacht, die sich nichts mehr sagen lassen? Bitte notiere kurz.

Mir ist wichtig, dir an dieser Stelle ganz deutlich zu sagen: Es ist keine Schande, einen Konflikt nicht immer bis zum Ende auszutragen. Wenn ein Schüler die Klasse nicht verlassen oder eine Schülerin die Kappe nicht absetzen will, dann darfst du das im Sinne der Deeskalation auch mal so stehen lassen: „Okay, wir klären das an anderer Stelle." Hier kann es hilfreich für dich sein, wenn du dir vorab einige Handlungsweisen und Sätze überlegst, mit denen du aus solch festgefahrenen Situationen aussteigen kannst.

Das zeigt deutlich mehr Haltung und wirkt professioneller als das Austragen eines heftigen Konfliktes, den du am Ende wahrscheinlich sogar verlierst.

Mögliche Ideen, wie ich aus festgefahrenen Situationen aussteigen kann:

Gib´ dem Kind die Verantwortung

Wie sieht dann aber dein nächstes Aufeinandertreffen mit diesem Schüler oder dieser Schülerin aus? Hier habe ich folgenden Tipp für dich, der es dir vielleicht leichter macht:

Gib diesem Kind oder Jugendlichen beim nächsten Mal von vornherein die Verantwortung für sein Handeln und die daraus resultierenden Konsequenzen. Starte den Unterricht zum Beispiel mit einem Satz wie: „Liebe Leute, von mir aus kann das heute ein super Tag ohne Hausaufgaben, lauter Einsen und ohne Stress werden. Ich wäre dafür."

Das klingt so banal, ist es aber nicht. Die Verantwortungsabgabe direkt zu Beginn an die Schülerinnen und Schüler macht dich bei jeder Unterrichtsstörung handlungsfähig. Gib dann störenden und provozierenden Kindern zu verstehen, dass sie sich gerade selbst für alle folgenden Handlungen entschieden haben, und nicht du.

Hierfür empfehle ich dir, im Vorfeld mögliche Situationen im Kopf durchzuspielen und dir passende Handlungsweisen und für dich passende Sätze zu notieren, damit du sie im Ernstfall parat hast.

....

....

....

....

....

....

....

....

....

....

....

....

....

....

....

....

....

....

....

Prügelei auf dem Schulhof

Bitte nimm dir zu Beginn etwas Zeit und schreibe auf, ob und wie du bislang Prügeleien unter Schülerinnen und Schülern erlebt hast. Wie hast du gehandelt?

....

....

....

....

....

....

....

....

Wie hast du dich in der Situation gefühlt? Wie ging es dir danach? Hat dich die Prügelei gedanklich noch länger beschäftigt?

....

....

....

....

....

....

....

....

Das Wichtigste zuerst: Arbeite bitte präventiv. Wenn Streitigkeiten in Gewalt umschlagen, ist das häufig ein Zeichen dafür, dass den Schülerinnen und Schülern in diesem Moment keine alternativen Lösungswege zur Verfügung stehen. Hilf ihnen dabei, solche Wege für sich zu entdecken. Zeige ihnen, wie sie selbst ihre Gefühle und Bedürfnisse besser benennen sowie bei anderen erkennen können. Vermittle Konfliktlösungsstrategien wie den Kompromiss und gehe immer mit gutem Beispiel voran.

Wie kannst du dich aber verhalten, wenn der Fall der Fälle doch eintritt? Hier möchte ich dir folgendes Vorgehen vorschlagen:

Ruhe bewahren

Bleibe ruhig und gelassen, auch wenn du dich über die Prügelei aufregst. Deine eigene Gelassenheit trägt dazu bei, die Situation zu beruhigen.

Laut gebrüllte und wertende Sätze wie „Was ist denn hier los?!“, „Immer ihr!“, „Kann ich mich auf euch nicht verlassen!?“ haben in einem handfesten Streit nichts zu suchen. Atme tief durch, konzentriere dich einen kurzen Moment und tue dann Folgendes:

Sei absolut klar

Habe ein ruhiges, bestimmtes Auftreten. Das geschieht bitte ohne eigene Aggression. Zeige mit deiner Körpersprache, dass du anwesend bist und diese Situation händeln wirst. Dein Körper wirkt mehr als jedes gesprochene Wort.

Setze ein klares Stopp. Sage „Stopp“ oder nenne die Namen der betreffenden Kinder bzw. Jugendlichen. Werte den Konflikt nicht und drohe keine Konsequenzen an. Das ist in diesem Moment für niemanden eine echte Hilfe.

Trenne, wenn möglich, die beiden Kinder mit der klaren Aufforderung, einen von dir erwählten Ort aufzusuchen. Das kann der eigene Platz, eine andere Ecke des Schulhofes oder sonst was sein. Gib das unbedingt vor. Nicht um zu herrschen, sondern um zu helfen.

Ich empfehle dir, diese Situation in Gedanken durchzuspielen und für dich zu notieren, was dir für deine Körpersprache wichtig ist und welche Sätze du sagen möchtest. Überlege auch gerne, welche Orte in der Schule geeignet sind, an die du die Schülerinnen und Schüler schicken kannst, um sie zu trennen.

Mein Körper	Meine Sätze	Mögliche Orte für die Kinder/Jugendlichen
....	....	....
....	....	....
....	....	....
....	....	....
....	....	....
....	....	....
....	....	....
....	....	....
....	....	....
....	....	....
....	....	....
....	....	....

Das kannst du bitte lassen

Versuche im Konfliktmoment nicht verstehen zu wollen, was passiert ist. Es geht in erster Linie um das schnelle Beenden der Gewalt.

Schülerinnen und Schüler, die sich prügeln, sind emotional am Limit. Daher ist es wichtig, gerade jetzt eine verlässliche Größe zu sein, die alle Beteiligten sicher durch diesen Konflikt bringt.

Frage also nicht, was gerade passiert ist, oder wer angefangen hat. Wer in gewaltvollen Situationen steckt, handelt oft emotional und wenig rational. Die meisten deiner Fragen werden in diesem Moment eh unbeantwortet bleiben.

Warte lieber ein paar Minuten. Gib den Kindern bzw. Jugendlichen am Ort deiner Wahl Zeit, sich zu beruhigen, um dann später umso entspannter in die Klärung zu kommen.

Meine Gedanken und Ideen

Der Wunsch, bedeutend zu sein

Ich bin fest davon überzeugt, dass herausfordernde Verhaltensweisen von Schülerinnen und Schülern im Kern der Ausdruck eines Mangels sind. Oft fehlt es diesen Kindern in ihrem Leben an Stabilität, Sicherheit, Liebe, Verlässlichkeit … oder anders gesagt: Diese Kinder fühlen sich oft nicht gesehen. Sie haben den Wunsch – wie jeder andere Mensch übrigens auch – bedeutend und selbstwirksam zu sein. Dass dieser Wunsch Ausdruck findet über Unterrichtsstörungen, Wutausbrüche oder Prügeleien, macht es für dich als Lehrkraft im Schulalltag zu einer riesigen Herausforderung, keine Frage.

Aber hinter Unterrichtsstörungen, Wutausbrüchen und Co verbergen sich auch Ressourcen, die diese Schülerinnen und Schüler in sich tragen. Ich wünsche mir, dass du es als Lehrkraft schaffst, deinen Blick Stück für Stück auf diese Ressourcen zu lenken, sie anzusprechen und zu nutzen.

Beispiel:
Ressourcen, die unter herausforderndem Verhalten verborgen liegen

Ein rüpelhaftes Grundschulkind, das andere auf dem Schulhof ärgert, möchte damit oft seine Stärke und Macht demonstrieren. Schülerinnen und Schüler, die sich so verhalten, haben meist erlebt, dass sie in anderen Kontexten (oft im familiären) machtlos sind.

Andere Kinder zu ärgern, erfordert in gewissem Sinne aber auch Mut und den Willen, sich durchzusetzen. Das können Ressourcen sein – auch, wenn sie unter ruppigem und rüpelhaftem Verhalten verborgen liegen. Keine Frage, das als Lehrkraft zu entdecken, ist manchmal eine ziemliche Herausforderung.

Es gibt kein Patentrezept dafür, wie man die verborgenen Ressourcen von herausfordernden Schülerinnen und Schülern in sinnvolle Bahnen lenken kann. Aber ich möchte dir dazu gerne einen Gedanken mitgeben:

Was wäre ungefähr das Letzte, was du einem rüpelhaften Kind, das andere auf dem Schulhof ärgert, zutrauen oder geben würdest? Wahrscheinlich Verantwortung für das gute Miteinander auf dem Schulhof.

Aber vielleicht kann genau das funktionieren?

Lass uns das einmal gedanklich durchspielen:

Das rüpelhafte Kind, das Macht und Stärke demonstriert, drückt damit sein Gefühl von Machtlosigkeit und sein Bedürfnis nach Bedeutsamkeit aus. Es ist mutig und hat den Willen, sich durchzusetzen. Das sind Ressourcen, die genutzt und in andere Bahnen gelenkt werden können.

Wie wäre es also, dieses Kind zum Beispiel offiziell mit in die Verantwortung für ein gutes Miteinander auf dem Schulhof zu nehmen – mit Warnweste, Kelle und allem, was dazugehört?

Du kannst zum Beispiel sagen: „Du machst mit uns die Pausenaufsicht. Wir wissen, dass wir uns auf dich verlassen können. Du bist stark und für andere Kinder gut. Pass bitte vor allem auf die Kleineren auf, die es hier in der Schule nicht so gut haben."

Und ich würde wetten, dass das Kind diese Rolle ausfüllen wird …

Meine Gedanken und Ideen

An dieser Stelle möchte ich noch ein Appell zum Thema Mobbing an dich richten und dies auch sehr deutlich formulieren:

Kinderseelen leiden unglaublich stark und manchmal irreparabel unter Mobbing.

Mobbing hört nicht einfach auf, weil es einen Stuhlkreis oder ein gemeinsames Gespräch mit Täter(n) und Opfer gab, oder dadurch, dass das Thema offen in der Klasse diskutiert wurde. So hört Mobbing nicht auf!

Mobbing ist ein eingefahrenes System, von dem alle Beteiligten profitieren – bis auf das Opfer.

Für alle, die von Mobbing profitieren, gibt es keinen Grund, das System zu ändern: Täterinnen und Täter profilieren sich, Mitläuferinnen und Mitläufer definieren sich und die, die eh nichts sagen, sind froh, nicht in der Schusslinie zu stehen.

Meiner Erfahrung nach kannst du Mobbing nur verhindern oder beenden, wenn du dieses System verstanden hast – wenn du verstanden hast, dass es im System Mobbing permanent zu viele Gewinnerinnen und Gewinner gibt. Dieses System macht meiner Meinung nach alle Gespräche nutzlos. Es führt höchstens dazu, dass sich das Opfer bloßgestellt fühlt, erst recht merkt, dass es allein ist, oder im schlimmsten Fall auf dem Schulhof den nächsten Angriff kassiert, weil es sich getraut hat, den Mund aufzumachen. DAS ist meiner Erfahrung nach die Realität. Mobbing hört nicht einfach auf, weil miteinander gesprochen wurde!

Auch wenn du wertschätzend kommunizierst, keine Namen nennst, ressourcenorientiert denkst – all das sind sicherlich Strategien, die ihre Berechtigung haben. Aber jede und jeder weiß doch, wer gemeint ist. Die Schülerinnen und Schüler sind ja nicht dumm.

Mein Appell an dich als Lehrkraft:

Zeige beim Thema Mobbing klare Kante und zeige – verzeihe mir den Ausdruck – dass du Eier in der Hose hast!

Sei bereit, für das Opfer alle Schritte zu gehen, die nötig sind. Vertrete eine deutliche Haltung zum Thema Mobbing: „In meiner Klasse nicht! Bekomme ich das mit, werde ich keine Sekunde zögern!" Es braucht meiner Meinung nach Pädagoginnen und Pädagogen, die ihren Schülerinnen und Schülern deutlich machen, dass es sich bei Mobbing um eine Straftat handelt, die auch so behandelt wird. Es gibt zwar Mobbing als Straftatbestand nicht, aber denke an damit verbundene Dinge wie Körperverletzung …

Mache als Lehrkraft deutlich, dass Mobbing massive Konsequenzen hat – und die müssen kommen, und zwar zügig.

Ich wünsche mir, dass du eine liebevolle, begeisterungsfähige Lehrkraft für deine Schülerinnen und Schüler bist, aber auch eine Lehrkraft, die bei Mobbing hart durchgreift und auch bei vermeintlichen Kleinigkeiten sofort ein Fass aufmacht und zeigt: Bis hierhin und nicht weiter!

Du hast als Lehrkraft die Macht, Mobbing zu beenden!

Zum Schluss möchte ich dir noch einen kleinen Reminder für Situationen, wenn dich Schülerinnen und Schüler mal wieder wahnsinnig machen, mit auf den Weg geben:

Hilfreich ist oft schon eine klitzekleine Veränderung in deinen eigenen Gedanken, um den Schülerinnen und Schülern anders begegnen zu können. Manchmal reicht es, dass du dir sagst: „Es ist auch die Aufgabe von Schülerinnen und Schülern, mich zu provozieren, mich zu kritisieren und meine Grenzen auszuloten."

Ab Klasse 4, manchmal auch eher, befinden sich die meisten Kinder im pubertären Prozess. Dazu gehört, dass die Kinder Althergebrachtes infrage stellen, sich stellenweise ablösen und ihre Autonomie und Identität entwickeln. Da ist es völlig normal, dass zunächst alle Bezugsgrößen von den Schülerinnen und Schülern hinterfragt werden. Und als Lehrkraft bist du eben eine Bezugsgröße für die Kinder. Eigentlich darfst du dich ein bisschen geehrt fühlen.

Und noch ein Gedanke, der mir wichtig ist:

Das, was den meisten wilden, aggressiven, aufbrausenden Schülerinnen und Schülern fehlt, ist Sicherheit. Bitte denke daran, diese Sicherheit im Schulalltag durch deine Haltung zu geben.

In diesem Zusammenhang pädagogisch wertvoll zu sein bedeutet doch auch, die Schülerinnen und Schüler dabei zu begleiten, Alternativen zu ihren bisherigen Verhaltensstrategien zu entdecken und auszuprobieren. Richtig gut sind diese Alternativen dann, wenn sie für die Kinder und Jugendlichen einfacher, nachvollziehbarer und leichter in der Anwendung sind als ihre aktuelle Strategie. Bitte unterstütze die Schülerinnen und Schüler dabei, diese Wege zu finden.

Hinter dem herausfordernden Verhalten von Kindern können sich auch psychische Krankheits- und Störungsbilder verbergen, die bislang vielleicht noch nicht diagnostiziert wurden. Hierzu zählen zum Beispiel ADS/ADHS, Depressionen, Autismus-Spektrum-Störung oder eine Störung des Sozialverhaltens. Ich empfehle dir, auch dies im Hinterkopf zu haben.

Und bitte denke immer daran: Konfliktmanagement beginnt bei dir selbst. Nicht das, was die Schülerinnen und Schüler tun, ist entscheidend, sondern zuallererst deine Reaktion darauf. Gute Konfliktmanagement-Strategien sind wichtig, aber viel wichtiger ist, dass du dich auch in schwierigen Situationen im Griff hast.

Ich wünsche dir viel Erfolg!

Raphael

Hier findest du einige typische Situationen rund um den Umgang mit Provokationen und Widerständen durch Schülerinnen und Schüler, nach denen ich oft gefragt werde. Wenn du magst, überlege dir und notiere, wie du in diesen Situationen bestmöglich reagieren könntest.

Situation 1

Schüler Max hat mehrfach den Unterricht gestört und provoziert. Du forderst ihn auf, den Klassenraum zu verlassen. Das macht er aber nicht, er verschränkt die Arme und schaut dich herausfordernd an.

Was kann dahinterstecken?	So kann ich vorgehen:
....	....
....	....
....	....
....	....
....	....

Situation 2

Schülerin Eni explodiert regelmäßig bei absoluten Kleinigkeiten im Schulalltag und du hast einfach keine Ahnung, warum. Wie kannst du den Hintergründen auf die Spur kommen und was kannst du dann für Eni tun?

Was kann dahinterstecken?	So kann ich vorgehen:
....	....
....	....
....	....
....	....
....	....

Situation 3

Drei Kinder haben die Schultoiletten verdreckt und beschmiert und wurden dabei erwischt.

Was kann dahinterstecken?	So kann ich vorgehen:
....	....
....	....
....	....
....	....
....	....
....	....
....	....
....	....
....	....
....	....

Situation 4

Schüler Eric schubst andere beim Fangenspielen, nimmt sie in den Schwitzkasten, stellt ihnen ein Bein und zwängt sich regelmäßig in Schülergruppen dazwischen, einfach, um dabei sein zu können.

Was kann dahinterstecken?	So kann ich vorgehen:
....	....
....	....
....	....
....	....
....	....
....	....
....	....
....	....
....	....

Situation 5

Schülerin Danica verweigert die Mitarbeit im Unterricht. Sie hält sich Augen und Ohren zu und legt den Kopf auf die Tischplatte.

Was kann dahinterstecken?	So kann ich vorgehen:
…………	…………
…………	…………
…………	…………
…………	…………
…………	…………
…………	…………
…………	…………
…………	…………
…………	…………

Situation 6

Du forderst Schülerin Lilly auf, eine Aufgabe an der Tafel zu lösen. Stattdessen springt sie auf, sperrt sich im Schrank ein und will nicht herauskommen. Sie ruft: „Nein, ich will hier nicht rauskommen, das macht alles keinen Spaß, du bist doof!"

Was kann dahinterstecken?	So kann ich vorgehen:
…………	…………
…………	…………
…………	…………
…………	…………
…………	…………
…………	…………
…………	…………
…………	…………
…………	…………

Situation 7

Du fühlst dich durch das Verhalten einer Schülerin oder eines Schülers extrem provoziert … aber war es wirklich als Provokation gegen deine Person gemeint?

Was kann dahinterstecken?	So kann ich vorgehen:
....	....
....	....
....	....
....	....
....	....
....	....
....	....
....	....
....	....

Situation 8

Es ist Montag und du weißt schon jetzt: Heute wird es wieder Stress mit Schüler X geben, Schülerin Y wird in der Pause eskalieren und dann sind da noch drei, vier andere herausfordernde Kinder, die die garantiert deine Schulwoche schwer machen.

So kann ich vorgehen:
....
....
....
....
....
....
....
....
....